P9-DUP-096

Le miracle de Padre Pio

Maria Lucia Ippolito

Le miracle de Padre Pio

Traduction française: Daniel Demongeot

Editions du Parvis
CH-1648 Hauteville / Suisse

Titre original italien: «Il miracolo di Padre Pio»
© Pour l'édition italienne: Arnoldo Mondadori Editore S.p.A.,
Milano, 2002

© Février 2004

EDITIONS DU PARVIS
CH-1648 HAUTEVILLE / SUISSE

Internet: www.parvis.ch   e-mail: librairie@parvis.ch

Tél. 0041 (0)26 915 93 93
Fax 0041 (0)26 915 93 99

Tous droits de reproduction, de traduction et
d'adaptation réservés

Imprimé en Suisse

ISBN 2-88022-207-9

«*J'espérerai en toi même quand je sentirai le désespoir.*»

(Job)

«*Tu as autant que tu espères; plus tu espères et plus tu auras.*»

(Padre Pio)

A mes parents, qui sont parvenus à greffer en moi le sens profond de la foi, et la force et l'amour pour la vie qui jaillissent d'elle.

A tous les membres bien-aimés de ma famille, aux amis sincères, aux nombreuses personnes consacrées, aux médecins et au personnel paramédical si efficaces qui, durant la maladie de Matteo ont formé comme une couronne autour de notre famille, nous soutenant par leur prière ininterrompue et par leur grande et sincère affection.

Leur amour a été un phare en ces jours si sombres. Ils ont frappé sans cesse avec moi à la porte du cœur de Dieu qui a ouvert toute grande celle de sa miséricorde et donné forme à l'échelle qui, de là-haut, a permis à Matteo de descendre, pour revenir parmi nous.

Introduction

Une immense douleur m'envahit tous les jours, au moment où j'observe Matteo qui se déshabille et qui se lave.

Chacune de ses cicatrices est une blessure dans mon âme, qui se déchire et me tourmente; c'est un film qui défile rapidement devant mes yeux et devant mon cœur, reproduisant intensément les terribles émotions vécues alors.

Chaque jour, je le sais, il en sera ainsi.

Le souvenir de cette douleur sourde et forte accompagnera chaque respiration de mon être de mère, jusqu'au dernier jour.

Mais à côté de la douleur, de mes lèvres jaillit continuellement et inlassablement un même mot: merci, merci, merci. Car en élevant mon regard et en détournant mes yeux des cicatrices, je rencontre ses yeux, très beaux et grands, et dans son regard intelligent et vif mon tourment se dissout. Il ne reste plus que la certitude et la grandeur du don immense de sa vie qui continue, au-delà des limites de la nature, dans la grandeur et dans la bonté de Dieu.

Ainsi, chaque jour, le souvenir douloureux s'apaise et se transforme puissamment en prière insistante, continuelle, incessante, répétitive, pour qu'il soit concédé à d'autres mères, à travers l'espérance et la confiance, de voir se transformer leur souffrance en joie.

Sainte Faustine Kowalska écrivait le 22 mars 1937: «Quand je vois que les difficultés de la situation outrepassent mes forces, je n'y pense pas et je ne cherche pas à l'analyser ni à l'approfondir, mais je me tourne comme une enfant vers le Cœur de Jésus et je lui dis simplement: tu peux tout. Puis je reste en silence, car je sais que Jésus lui-même est interpellé et moi, au lieu de me tourmenter, je passe mon temps à l'aimer.»

J'ai expérimenté ces mots, ce «tu peux tout» vit en Matteo qui vit.

Beaucoup m'ont demandé d'oublier ce qui est arrivé, pour ne pas souffrir; mon mari aussi me répète souvent: «Nous devons oublier, pour vivre sereinement.»

Mais moi je ne veux pas, car j'espère que le souvenir de la souffrance de Matteo, la mienne, celle de ma famille, peut être un soutien pour la douleur d'autres mères, une espérance pour tant de malades.

Ce fils guéri est un don immense du ciel (Matteo... du grec «Don de Dieu»), qui ne peut pas rester un don uniquement pour moi.

Dieu me l'a donné deux fois. Louange et gloire à Dieu!

«Qu'il est bon notre Dieu! Qu'elle soit bénie à jamais sa main qui tant de fois a soulagé nos douleurs, guérit prodigieusement nos blessures inguérissables» (Padre Pio, *Epistolario*, II, p. 141).

PREMIÈRE PARTIE

Ce qu'il advint en mai 1999

Quand, le 2 mai 1999, les journaux et les télévisions parlèrent de la béatification de Padre Pio, j'ai enregistré tout ce qui était possible sur cet événement et j'ai découpé de nombreuses pages de quotidiens pour conserver, comme j'avais coutume de le faire, tout ce qui était dit ou écrit sur mon cher Père spirituel.

De fait, j'avais pris l'habitude de collectionner les livres et tout ce qui concernait mon «cher saint», car pour moi Padre Pio a toujours été saint et il a toujours été mon compagnon de voyage, mon frère, mon père, mon ami, mon porte-parole auprès de Dieu.

Les publications sur lui s'accumulent sur un petit meuble à côté de ma table de nuit. Je les lis et les relis et elles continuent de s'accumuler.

Depuis toute petite, en effet, je m'endors tous les soirs, quoi qu'il arrive, après avoir lu, au hasard, quelques pages le concernant.

Aussi m'est-il devenu plus familier de jour en jour, d'année en année. Toutes mes pensées et mes choix ont toujours été, et ils le sont encore plus aujourd'hui, précédés d'une invocation à Padre Pio afin qu'il intercède pour moi auprès du Seigneur, pour qu'il invoque sur moi l'Esprit Saint, pour qu'il me fasse comprendre quelle est, en toute circonstance, la bonne voie à parcourir.

Donc, quand le 2 mai, il y a deux ans, eut lieu la béatification, en rangeant les articles écrits sur lui je lui ai adressé une pensée, ou plutôt un doute incroyable, bien que je fusse et que je demeure profondément convaincue de sa sainteté.

En relisant le miracle de Consiglia de Martino, la dame qui avait eu une rupture du canal thoracique, j'ai dit en pensée au Père: «Je t'aime bien et tu le sais, je crois fermement en ta puissante intercession auprès de Dieu, mais sincèrement il me semble si invraisemblable que toi, maintenant, pour atteindre les honneurs de l'autel, tu doives nécessairement accomplir un autre miracle!

Quelle absurdité!

Et où devrais-tu aller le faire?

Dans quel coin du monde, dans quelle maison, et comment fait-on pour être sûr — en admettant que cela arrive — que c'est toi qui es intervenu?

Cher Padre Pio, je le répète, je t'aime bien.

Tu es mon guide, mais il me semble vraiment que l'Eglise soutient parfois des choses inouïes, irréalisables, de véritables stupidités!

Et puis il y a une curiosité incroyable qui me persécute.

Tu sais combien de fois en lisant l'Evangile, avec les miracles de Jésus, ou les histoires des saints, je me suis demandée comment se sent le destinataire d'un miracle, quelles sensations il éprouve, en quoi il croit, comment il le raconte, comment il en témoigne, ce qui change dans sa vie.

Moi j'y crois, je crois que les miracles se produisent, et c'est même pour cela que souvent, mon mari et d'autres personnes se moquent de moi. Mais moi, imperturbable, je continue à y croire.

Moi, je crois que tout est possible au Tout-Puissant, mais les histoires sur les miracles me semblent des choses tellement lointaines que je voudrais, au moins une fois, me trouver dans la tête et dans le cœur d'un miraculé pour comprendre quelles émotions il vit et ce qu'il pense vraiment de l'au-delà, de Dieu, de la métaphysique.

Je pense des bêtises, n'est-ce pas, Padre Pio?

Au fond, ces choses-là sont sans importance; l'important c'est ma certitude de t'avoir toujours avec moi et que, si tu deviens saint pour le monde, moi je pourrai être là pour profiter de cet événement!»

J'ai alors plié la dernière page de journal et je suis retournée à mes activités de maman, ignorante et inconsciente que j'allais devoir porter sur mes épaules, ainsi que mon fils, la continuation et la conclusion de l'histoire de la glorification terrestre de Padre Pio.

L'anniversaire de la mort de Padre Pio
et l'idée du récit

24 septembre 2000:
huit mois après la guérison de Matteo

Hier, à 18 heures, j'ai assisté, de la tribune de l'église de Santa Maria delle Grazie (Sainte-Marie-des-Grâces), à la célébration eucharistique en l'honneur de Padre Pio, en souvenir de sa mort bienheureuse.

Il y avait une foule immense, et pourtant il me semblait être seule, tout près de la grande mosaïque représentant la Vierge.

Ainsi, à l'improviste, des larmes ont commencé à couler sur mon visage, mais cette fois c'étaient des larmes de joie, d'action de grâce et de louange.

En un instant, je me suis revue quand, au mois de janvier, agenouillée, à l'endroit où priait Padre Pio, je restais longuement à côté de cette immense image protectrice de Marie, pour l'implorer, de mère à mère, de sauver mon enfant.

Là-haut il me semblait que la Vierge pouvait mieux me voir et m'écouter, tandis qu'en bas j'égrenais mon chapelet, lui offrant, pour mon fils, mes grandes misères, mon néant, mon immense douleur.

Là-haut je sentais que Padre Pio était proche de moi, lui aussi tenant en main son chapelet, pour m'accompagner dans ma prière et me soutenir.

Aussi n'ai-je rien pu faire d'autre que de m'agenouiller à nouveau et de dire encore, pour l'énième fois: «Merci, merci sainte Vierge, tu m'as écoutée, avec ton Fils bien-aimé Jésus!»

Maintenant je suis devant l'ordinateur.

J'ai décidé de rassembler mes émotions, de raconter mon expérience de mère et de croyante, car je suis convaincue que l'apostolat consiste aussi à diffuser un message d'espérance et parce que ma joie est trop grande pour pouvoir la garder seulement pour moi.

Le Psalmiste dit: «Le Seigneur m'est venu en aide; je chanterai sur la cithare tous les jours de ma vie.»

Une partie des revenus que me rapportera le récit de cette histoire extraordinaire qu'a vécu ma famille sera utilisée pour une association en faveur des enfants handicapés, défavorisés et malades, «Il Cireneo» (Le Cyrénéen), qui a été conçue — avec la bénédiction d'un prêtre spécial et saint — précisément durant les mois qui ont suivi la maladie de mon fils, par mon frère Giovanni, par sa femme Michela, par moi-même, parce que nous voulons dire merci à Dieu, concrètement.

J'espère que l'Esprit Saint voudra bien me guider et m'inspirer.

«Comment sais-tu que l'Esprit Saint est là? Interroge ton cœur: s'il est habité par la charité envers ton frère, sois tranquille: il ne peut y avoir d'amour sans l'Esprit de Dieu» (saint Augustin).

En chaque enfant qui souffre, je vois Matteo; dans le regard de chaque mère qui assiste son fils, je retrouve mon regard perdu, tandis que je me sens secouée par le tourment incessant et immense de ces jours d'agonie.

J'ai une dette envers la vie et envers le Seigneur que je veux payer en tendant la main et le cœur vers ceux qui traversent la douleur.

Aux enfants défavorisés

La prière d'un handicapé

O Seigneur
Je veux te dire merci,
Merci infiniment,
Parce que j'existe,
Et que je suis ton œuvre.
Merci parce que chaque jour
Qui s'achève
Je peux jouir de l'existence.
Merci pour le privilège
De la foi,
Qui me fait voir
Où mes yeux
Ne peuvent pas regarder
Qui me fait aller
Où mes jambes
Ne peuvent arriver.
Merci parce que avec toi
Je peux sourire
Au monde.
Et toi, toi qui es triste,
Tendu vers le but
Que tu ne connais pas.
Toi qui as des jambes saines,
Mais qui ne sais pas où aller,
Des yeux pour voir
Mais qui ne sais pas admirer,
Des oreilles pour entendre
Mais qui ne sais pas écouter,

Des mains pour créer
Mais qui ne sais pas modeler,
Une intelligence pour scruter,
Mais qui ne sais pas comprendre...
... Arrête-toi,
donne-moi la main
et regarde-moi.
Non, pas mon corps,
Regarde mon cœur
Et en lui
Tout se résoudra.
Tu peux me donner de l'Amour.
En nous aimant,
Nous aimerons Dieu et
Dans cet Amour
Sera la douceur
De notre vie.

Cette prière remonte à 1998. Je l'ai écrite après un colloque avec mon frère Giovanni, qui s'occupait à ce moment-là d'assistance aux enfants souffrant de problèmes physiques ou neurologiques, comme volontaire auprès d'eux et pour soutenir leurs familles.

Comme mère, j'ai toujours été sensible aux difficultés psychiques, sociales et pratiques des parents contraints à vivre avec des enfants défavorisés.

Mais, au-delà de la participation humanitaire et de la prière, je n'avais pas d'autres armes et tout s'arrêtait là, bien qu'avec beaucoup de regret de ne pas pouvoir faire plus.

Je remerciais le Seigneur du don immense de la santé de mes deux enfants et, chaque soir, je lui demandais d'être proche des familles en difficulté.

Et puis la maladie de Matteo nous est tombée dessus, avec l'angoisse de savoir que même s'il s'en sortait, il y aurait des conséquences irréversibles et très graves à cause d'une longue anoxie cérébrale et d'organes endommagés.

J'imaginais une vie différente pour lui et pour nous.

Mais je désirais pouvoir à nouveau le serrer dans mes bras de quelque manière que ce soit!

Pour le voir encore, j'étais disposée à mener une existence difficile, marquée par des séquelles et des carences.

Alors j'ai vraiment compris le grand amour, total, que l'on éprouve comme parent même à l'égard d'un enfant handicapé par la maladie ou retardé; l'amour si immense qui n'a que faire des canons de la normalité, du jugement des autres, de la peine du sacrifice total et permanent pour ce fils, rien que pour l'avoir, l'embrasser, le regarder.

Puis il est arrivé, grâce à la Miséricorde divine, que Matteo est revenu chez nous, a été rendu à notre affection, complètement guéri, plus vif et perspicace qu'avant.

Mais je ne peux pas oublier, je ne pourrai jamais oublier les sensations fortes éprouvées dans ces moments-là, la volonté d'embrasser à nouveau, de quelque manière que ce soit, oui «de quelque manière que ce soit», mon fils, cette partie de moi que la maladie était en train d'emporter inexorablement et à l'improviste loin de moi.

Depuis lors je ne peux pas ne pas penser, avec une participation totale, aux mères qui chaque jour doivent compter avec les difficultés affectives et pratiques d'un enfant malade, à leur drame, à la désolation de situations caractérisées par une solitude infinie, à l'insensibilité de ceux qui ne connaissent pas la souffrance, et donc qui ne la comprennent pas et ne sont pas en mesure de soutenir moralement et dans les faits ceux qui sont plus malheureux.

Comme nous faisons peu de chose pour les autres, dans cette société vouée exclusivement au bien-être matériel, tant qu'il ne nous arrive pas de faire personnellement l'expérience de la douleur.

Ce n'est qu'alors que nous nous rendons compte de l'individualisme extrême et de la pauvreté des valeurs de charité et de solidarité qui caractérisent notre existence.

Pourtant il suffirait de peu de chose pour faire en sorte que ceux qui souffrent se sentent aimés, pour soulager l'angoisse de leur esprit.

Mère Teresa de Calcutta écrivait: «Je suis convaincue que le pire des maux qu'un être humain puisse souffrir est de se sentir abandonné. Je veux que les malades sentent qu'ils sont aimés.»

Nous, comme société, nous avons le devoir de tenter toutes les voies pour conduire l'enfant malade ou handicapé à l'intégration et à l'adaptation, afin que sa vie aussi ait un sens, car c'est un droit de chaque individu.

«Le courage — disait don Abbondio — si quelqu'un en manque il ne peut pas le donner!... La joie, en revanche, si quelqu'un l'a, il peut toujours la donner»; c'est ce qu'affirmait mon frère Giovanni dans une interview sur une chaîne privée, durant une émission où il se voyait décerner, en 1995, un *cœur d'or* pour son activité en faveur des enfants handicapés. «Par un étrange paradoxe, en la donnant, on la reçoit!», concluait-il.

J'ajoute que c'est un bonheur immense, après ma dure expérience, d'entraîner vers la vie, par le transport des émotions ceux qui, à cause de la différence, sont exclus du jeu merveilleux du quotidien.

C'est une joie sans fin de grimper sur le mur du silence, de la douleur, de l'isolement et de trouver de l'autre côté un regard échangé, une phrase évoquée, un sourire timide, capable de réchauffer les solitudes pour les transformer en contacts harmonieux.

Je suis sûre, pour l'avoir vécu, qu'il n'y a pas de limite organique, pathologique, à la volonté de se faire aimer et d'être aimé.

La limite, quand elle existe, n'est que celle de l'âme qui ne veut pas céder à l'autre.

Colloques avec Jésus

A Jésus

Seigneur, comme il est difficile de te suivre! Comme c'est dur!

Te trouver a été facile, car tu accordes à tous le don de la foi; il suffit de se mettre à ton écoute en silence et d'entendre ton appel.

Faire en sorte que la foi devienne «vie quotidienne», c'est ça la difficulté. Dépasser nos limites humaines: l'orgueil, la rancune, l'engourdissement des chutes, dont il est difficile de se relever, en recommençant comme si rien n'était arrivé.

Padre Pio disait qu'une fois que l'on a compris l'erreur, il ne fallait plus penser à elle, mais la surmonter par un comportement meilleur, projeté vers toi avec sérénité. Mais la condition humaine est si complexe et, en même temps, si misérable; notre intériorité si embrouillée, que cela devient une entreprise titanique de regarder droit dans ta lumière et de marcher vers toi, sans trébucher.

Seigneur, tu m'as donné le don de la parole, de l'écriture; des pensées et de l'encre coulent en moi et hors de moi comme un fleuve en crue, depuis toujours.

Et, en ce passage terrestre je voudrais, pour une fois au moins, réussir à mettre ces dons à ton service, pour qu'à travers mon expérience tu puisses apparaître impétueux dans la miséricorde et dans l'amour, aux yeux de ceux qui te connaissent le moins.

Je n'ai pas de mérites, je suis certainement pire — et de loin — que beaucoup d'autres de tes enfants.

Je me sens misérable, faillible, indigne, car je ne cesse de chuter et, après chaque chute, je tente de me relever, animée par de bonnes résolutions, mais je me retrouve toujours en train de contempler de bien maigres fruits.

Pourtant tu m'as donné une joie sans fin, qui m'a fait sentir devant toi et devant le monde encore plus petite, plus misérable, plus indigne, vraiment indigne.

Tu as rouvert à la vie les grands yeux verts de Matteo et, dans ces yeux qui ont recommencé à scruter, à comprendre, à sourire, j'aperçois clairement ton immense amour infini envers l'humanité, qui coule le long du torrent irrésistible de la prière.

A chaque instant je voudrais m'agenouiller, embrasser la terre et te dire merci, merci, parce qu'à travers le salut incroyable de mon fils, passe et se répand un message d'espérance: espérance de l'énorme force de la prière humble et persévérante.

Padre Pio disait: «Les faveurs célestes sont accordées non seulement pour sa propre sanctification, mais aussi pour celles des autres.»

J'imagine que le salut de Matteo doit représenter, pour l'humanité tout entière, une invitation à te demander de l'aide sans arrêt, en étant convaincu que ton amour peut tout changer et rendre possible, comme on le lit dans les psaumes: «Seigneur mon Dieu, j'ai crié vers toi et tu m'as guéri!... La tristesse et l'angoisse m'opprimaient, alors j'ai invoqué le nom du Seigneur — je t'en prie, Seigneur, sauve-moi — ... et il m'a arraché à la mort, il a libéré mes yeux des larmes, il a préservé mes pieds de la chute... que rendrai-je au Seigneur pour le bien qu'il m'a fait? J'élèverai la coupe du salut et j'invoquerai le nom du Seigneur.»

Toi, Jésus, — je le répète et je le répéterai tant que je serai en vie — accorde à tous le don de la foi.

Mais tu nous laisses la liberté d'ouvrir notre cœur, de nous abandonner ou non à toi et de rendre concrète, à travers nos vies et notre dévouement, la rédemption accomplie par le sacrifice de ta Passion.

«Le Seigneur — écrit dans son Journal sœur Faustine, la sainte polonaise, reprenant les mots de Padre Pio — ne fait jamais violence à notre volonté. Il dépend de nous de vouloir accueillir la Grâce de Dieu, de collaborer avec elle ou de la gaspiller.»

Jésus nous laisse aussi la liberté de prier et de demander, car comme disait Padre Pio: «La puissance de Dieu, c'est absolument vrai, triomphe; mais l'humble prière souffrante triomphe de Dieu lui-même, elle arrête son bras, elle éteint ses foudres, elle le désarme, elle le vainc, elle le plaque et s'en fait, pour ainsi dire, un ami dépendant.»

Tout cela je l'ai éprouvé, je l'ai vécu, je le vis aujourd'hui encore.

Tu m'as fourni un remède exceptionnel, une panacée au mal, à l'incertitude, au doute, à l'anxiété et à l'angoisse: la prière.

Mais que ce remède est amer!

Se confier à la prière dans l'obscurité, dans le désespoir, dans l'aridité que crée la douleur, semble presque une folie.

Beaucoup me demandent: «Comment as-tu fait pour croire, pour espérer»; ils me regardent comme si j'étais une extraterrestre, ou peut-être une dérangée, une obsédée!

Il est plus simple de ne pas croire et de faire reposer son estime dans le positivisme, dans la science qui te dit oui ou non, que de se confier à une idée, à une espérance abstraite, comme peut apparaître à beaucoup la Toute-Puissance de Dieu, de ton Père, surtout quand le savoir humain a déjà donné son avis et décrété l'impossibilité de modifier les lois de la nature.

Mais moi, Jésus, j'ai appris au long d'une pénible route, en trébuchant, en m'écroulant et me relevant à maintes reprises, que là où l'homme s'arrête en raison de ses limites terrestres, il y a Dieu, extraordinaire, avec sa lumière, son amour, son souffle vital, sa puissance, sa parole qui n'a pas de sons, mais qui, à travers ton sacrifice, pénètre jusque dans notre intimité si nous sommes disposés à dire oui.

Et dire oui dans la douleur, tu le sais, Jésus, ce n'est pas s'agripper, ce n'est pas un repli, c'est une volonté construite brique après brique, en te demandant: «Ne me laisse pas seule, fais-moi comprendre et sentir qui tu es, ravive ma foi, réchauffe mon cœur, illumine mon esprit, dilate de ta perfection ma rationalité limitée, afin que je puisse comprendre, par la force de l'amour, que les mystères sont ta grandeur où s'enfouir et se laisser aller.»

Dire oui à la douleur, c'est confier à Dieu, ton Père, son esprit et sa vie, tandis que la logique voudrait se rebeller et crier: ça suffit; c'est l'humilité de dire, comme saint Paul: «Ma faiblesse, c'est ta force.»

Padre Pio écrivait: «La prière est l'effusion de notre cœur dans celui de Dieu... Quand elle est bien faite, elle émeut le Cœur divin et l'invite toujours plus à nous exaucer. Tâchons d'épancher tout notre esprit quand nous nous mettons à prier Dieu. Il est étreint par nos prières pour pouvoir nous venir en aide.»

Toi, Jésus, tu nous as enseigné à dire dans le *Notre Père* «que ta volonté soit faite», ce qui veut dire, je le sais bien, accepter la souffrance, la maladie, la douleur, la croix, mais tu as toujours dit de belles paroles à sainte Faustine, des paroles que j'ai relues à chaque fois que j'ai traversé des moments sombres, des paroles qui m'ont réconfortée et induite à demander, durant la maladie de Matteo, ta miséricorde et ton salut: «Comporte-toi comme un mendiant qui, quand il reçoit une plus grande aumône, ne la refuse pas, mais au contraire remercie plus chaleureusement. Cela, je le sais; mais toi, réjouis-toi plutôt et prends plein de trésors de mon cœur, tout ce que tu peux emporter, car je préfère que tu agisses ainsi... Ne prends pas ces grâces seulement pour toi, mais aussi pour ton prochain, c'est-à-dire: encourage les âmes avec lesquelles tu es en contact à faire confiance en ma miséricorde infinie. O Combien j'aime les âmes qui se sont confiées à moi complètement! Je ferai tout pour elles.»

Maintenant je te prie, Jésus, aide ceux qui portent la Croix à accepter la volonté de ton Père, mais par ta Passion multiplie aussi tes grâces.

Lettre à Padre Pio
avant la maladie de Matteo

A mon cher Père spirituel:
juillet 1999

Le lien que j'ai avec toi est un lien fort, vital. Je sais que tu es toujours avec moi, interlocuteur patient de mes silencieux monologues.

Il n'y a jamais de solitude dans mon cœur, car je sens qu'il est enveloppé dans ton amour.

Un amour qui, même quand je le refuse, engourdie par les découragements du quotidien, est capable de me chercher, de me régénérer, ranimant en moi le besoin de prier et de rechercher Dieu.

Tu es capable de changer une âme, tu l'as fait dans ta vie, tu continues de le faire maintenant.

J'ai une grosse dette envers toi: connaître ta vie, ta sainteté, m'a permis d'entreprendre profondément le chemin à la fois difficile et merveilleux qui conduit à comprendre le véritable sens de l'existence.

Depuis que je vis à San Giovanni Rotondo, j'ai goûté la spiritualité qu'on y respire, j'ai écouté d'innombrables témoignages sur ta «sainteté» et j'ai compris l'énorme privilège d'avoir été appelée, avec mon mari, à construire ma famille et mon avenir en ce lieu mystique.

J'ai trouvé une sérénité et une paix intérieure qui deviennent plus intenses à chaque fois que je descends les marches qui conduisent à ta tombe et là, même au milieu de dizaines de personnes, je sens plus fortement que je peux communiquer avec toi, qui me rassures et qui me guides.

Moi, donc, qui ai été si heureuse de te connaître, de t'aimer, de goûter la joie forte que l'on éprouve à cheminer avec toi vers Dieu, je veux que d'autres, en te connaissant, puissent entreprendre le même parcours.

Mon souvenir de toi est celui d'un grand-père, aimé, affectueux, au profil doux et un peu fatigué.

Je t'ai connu quand j'étais enfant lorsque, dans les matins encore sombres de l'hiver, mes parents me permettaient de les suivre; ils me réveillaient alors qu'il faisait encore nuit et nous arrivions à San Giovanni pour la messe de 5 heures «du Père».

Après la messe, j'étais fascinée par l'attente sous la fenêtre parmi une multitude de gens, la petite fenêtre de ta cellule qui, à un moment donné, lentement, s'ouvrait et tu apparaissais pour donner ta bénédiction.

Que de fois m'as-tu bénie!

Maintenant je te demande de me bénir encore, bénis mon esprit, mes paroles, afin que je puisse écrire sur toi, avec un amour tel qu'il incite d'autres à t'aimer.

Dans ma famille, on avait toujours parlé de toi; mon grand-père paternel, Pépé Nicola, avait été l'administrateur de la grande propriété de Castelluccio dei Sauri, d'un riche habitant des Abruzzes, un certain M. De Meis.

A travers lui, qui était un de tes fils spirituels, il avait eu connaissance «du Père», de ta sainteté, de tes charismes fascinants et mystérieux, pour toute notre famille.

Il y avait eu une suite, que mon grand-père racontait chaque fois avec beaucoup d'émotion, et que raconte maintenant — qu'il n'est plus là — ma tante Anna, destinataire, elle précisément, d'une prodigieuse intervention de ta part, pour sa santé, qui a provoqué en nous tous une grande et impérissable dévotion envers toi.

En somme, j'ai grandi en écoutant continuellement les nombreux et fascinants récits sur les interventions en tout genre de ta part, cher Padre Pio, et donc enveloppée dans la dévotion familiale envers toi.

J'espère donc pouvoir un jour rassembler au moins une partie des récits émouvants que j'ai entendus sur ta vie de prière et d'amour, afin que d'autres puissent s'approcher de toi et, par le biais de tes vertus héroïques, s'approcher du Christ.

L'incroyable suite de la lettre

1er juin 2000:
quatre mois après la guérison de Matteo

Comme c'est étrange!

Cette nuit, j'ai fait un rêve incroyable et merveilleux et cet après-midi je me suis souvenue — à l'improviste — qu'il y a environ un an j'avais écrit quelque chose sur Padre Pio. Aussi ai-je allumé mon ordinateur et je l'ai recherché.

Les mots que j'ai trouvés sont ceux que j'ai rapportés auparavant, datant de 1999.

J'en ai eu des frissons, cher Padre Pio, et tu sais bien pourquoi!

Ces mois-là, l'incroyable est arrivé et tu étais avec moi!

Tu as toujours été avec moi et avec ma famille.

Les pensées que je t'avais dédiées il y a un an, et qui sont celles que je te dédie chaque jour quand, cherchant Dieu, je m'adresse à toi pour implorer ton intercession, ta prière, ta protection, semblent avoir été dictées alors par un esprit supérieur, qui connaissait déjà ce qui allait s'accomplir plusieurs mois après.

Le colloque intime que j'ai eu avec toi et qui ne s'est jamais interrompu, pas même durant les longues journées de la maladie de Matteo, a été ma force, mon espérance et, à la fin, ma joie.

Pendant les quarante années de ma vie, je n'ai cessé de te demander de prier pour moi, pour que j'apprenne à aimer la prière, pour que ma foi devienne plus solide, pour que je puisse éprouver au moins une petite partie de l'émotion que tu éprouvais durant la célébration de l'Eucharistie.

Je n'ai jamais cessé de te demander tout cela, parce que je crois profondément que l'insistance aimante d'une fille, à la fin, conduit le Père à céder. Et toi, tu m'as écoutée! Tu as accueilli mes misérables prières et tu les as portées à Jésus et à Marie.

Peu à peu j'ai compris la force et l'importance de la prière, la puissance de la foi qui, cultivée comme une fleur délicate, germe et prospère, devenant le prolongement de la raison.

J'ai compris que l'acceptation du mystère n'est pas une obnubilation de la conscience, mais plutôt une dilatation du champ visuel, là où les limites humaines ne peuvent arriver.

La foi est la vigueur qui te permet d'espérer même face à l'impossible, conscient que ce que ne peut pas l'homme, la toute-puissance de Dieu le peut et, en même temps, canalise les grandes douleurs dans la résignation et dans l'abandon à la volonté de Dieu.

J'ai compris, grâce à toi, le mystère merveilleux et immense de la consécration, l'importance de la messe comme mémorial de la Passion du Christ.

Et, si auparavant, pour moi, aller à la messe consistait à remplir une obligation de catholique, c'est maintenant devenu un besoin, la nécessité d'aller rencontrer Jésus pour pouvoir le remercier, pour pouvoir demander, pour pouvoir dialoguer avec lui.

Tout cela, c'est à toi que je le dois, à la prière insistante de pouvoir comprendre, grâce à toi; prière que tu as écoutée et rendue vivante.

Je voudrais que chaque être humain ait envie de demander la grâce de s'approcher, à travers ton grand mystère de souffrance, de la Passion du Christ, pour éprouver ensuite l'irrépressible désir de demeurer agenouillé devant le Très-Haut, dans un silence humain absolu, qui se transforme en un très doux dialogue avec Dieu, transport vers une paix complète dont il ne veuille plus revenir.

Cela m'est arrivé, grâce à ton aide.

Maintenant, devant le Saint Sacrement j'éprouve une joie immense et je sens que je peux ouvrir mon cœur au Christ pour pouvoir remercier et demander, en offrant en échange ma misère, ma faiblesse, ma promesse — difficile à maintenir, mais sincère — de suivre son exemple de charité et d'humilité.

Cette nuit j'ai rêvé de toi pour la troisième fois, à ma grande, très grande joie.

Et que l'on ne vienne pas me dire que le rêve n'est que le fruit de désirs irréalisés.

Je suis convaincue qu'il n'en est pas ainsi.

Les jours où Matteo était entre la vie et la mort, j'aurais voulu rêver, mais rien!

Et puis, cette nuit, tu es venu me parler, me prendre dans tes bras.

Comme je suis heureuse, mais combien je mérite peu ton affection!

Dans ce rêve, après un long et pénible chemin en des lieux inconnus, montant des escaliers, tournant dans des ruelles, je suis arrivée dans une pièce très colorée, avec des rideaux, une nappe, un lit, des chaises, le tout orné d'un tissu à fleurs rouges, orangées, très vives et gaies.

J'y ai trouvé sœur Grazia, une clarisse capucine très connue à San Giovanni pour sa bonté, qui, en souriant, les yeux remplis de bonheur, m'a dit: «Regarde un peu qui est avec moi!»

J'ai tourné mon regard vers sa gauche, dans la direction qu'elle m'indiquait de la tête, et, à ses côtés, à mon grand émerveillement, tu étais là.

Tu m'as souri, tu es venu à ma rencontre et tu m'as prise dans tes bras avec une vigueur dont je ressens encore la force.

Et, me tenant serrée contre toi, tu as murmuré: «Ne t'en fais pas, désormais tout ira bien!»

Puis tu as continué à me parler longuement, mais je ne me souviens plus du reste, à part que tu souriais joyeusement.

Au cours de ces longs mois difficiles, tu as toujours été avec moi, avec Matteo, avec Alessandro, avec Antonio, avec mes frères, avec le reste de ma, de notre famille; mais je crois que quiconque t'appelle peut jouir de la joie de ta présence et, avec toi, de la présence du Christ.

La seule condition est la confiance inconditionnelle, totale, en la miséricorde du Seigneur, dans ses paroles et dans ses promesses: «Le ciel et la terre passeront, mais mes paroles ne passeront pas.»

Moi, dans ma misère totale, je suis témoin d'un très grand signe de la bonté et de la toute-puissance de Dieu, qui se sont manifestées à travers ta sainteté.

Je me sens si minuscule face à la réalité d'avoir été touchée par la force salvifique de l'amour du Christ, mais, en même temps, je sens le devoir de témoigner à haute voix que le Seigneur n'abandonne personne, qu'il écoute nos invocations, qu'il nous secourt par sa grâce, parce que la prière, comme tu le répètes toujours, est le «dard qui blesse le cœur de Dieu».

Les coïncidences qui ont accompagné ma famille et ma vie cette dernière année sont certainement, selon ma profonde conviction de croyante, les «combinaisons que combine le Seigneur» pour réaliser ses desseins complexes d'amour et de conversion.

Voilà pourquoi je te demande de m'aider à exposer ce que j'ai vécu, afin de parvenir à inciter une personne, au moins une, à tourner ses yeux et son cœur vers Dieu, sans blesser ceux à qui le Seigneur a rendu visite non par le miracle, mais par la mort ou le sacrifice.

Ce matin, en emmenant Matteo à l'école, sur les marches, Paola, sa maîtresse, m'a retenue pour me raconter la conversation qu'elle avait eue en voiture, quelques minutes plus tôt, avec sa fille de neuf ans.

Francesca avait lu l'inscription: *«Per Crucem ad Lucem»* et avait demandé à sa maman la signification de la traduction littérale: «Par la Croix vers la Lumière».

Paola lui a expliqué que la Croix est la souffrance et qu'on connaît Dieu à travers la souffrance.

A un moment donné, la fillette, de manière inattendue, s'est souvenue de Matteo et de nous, et a demandé à sa maman si

Matteo, qui avait tant souffert, avait été proche et était encore proche de Dieu.

Paola lui a répondu que oui.

Le récit de Paola m'a émue, car pendant qu'elle parlait, j'ai revu Matteo endormi, avec tous les tubes, plein d'escarres, de plaies, émacié, seul, sur son petit lit de réanimation, comme le Christ flagellé et déposé après la crucifixion, et cette terrible vision, la douleur — immense — que j'ai éprouvée comme mère, en le voyant ainsi réduit, sera la plaie qui demeurera ouverte en moi tant que je vivrai; la plaie qui, toutefois, aujourd'hui, m'a poussée à regarder la douleur des autres avec plus d'humanité.

En chaque enfant qui souffre, en tout être humain qui souffre, il y a le Christ et sa Passion; voilà pourquoi j'espère que chacun de nous apprenne, avec l'aide de l'Esprit, à regarder la souffrance d'autrui avec respect et avec dévouement, en devenant le Cyrénéen des disgrâces du prochain et en traduisant la foi en charité.

Deuxième partie

Signe avant-coureur

Le 20 janvier 2000, je réveille comme toujours mes enfants en leur donnant un baiser sur le front.

Je prépare le petit déjeuner, en recommandant à Ale et à Teo de se dépêcher.

Matteo est un peu plus lent qu'à l'accoutumée: assis devant sa tasse de lait, la tête appuyée contre son bras, il reste là, silencieux et immobile à regarder les dessins animés.

Je lui dis de se remuer car je dois sortir pour me rendre à l'école, à San Marco.

De mauvais gré, il prend son petit déjeuner; je pense simplement qu'il est encore tellement endormi qu'il n'arrive pas à faire les choses plus rapidement: je n'aurais jamais pu imaginer que dans son organisme était en train de se développer une terrible infection, silencieuse et sournoise.

Alessandro m'embrasse avant de partir et sort après avoir écouté mes recommandations habituelles.

Je finis de préparer Matteo, qui va très bien, et je le conduis jusqu'à la voiture de Dora, l'amie qui l'emmène à l'école.

Durant le trajet, comme toujours, nous faisons le signe de la Croix et une petite prière: «Jésus, Sainte Vierge, merci de ce que vous nous avez donné jusqu'à présent, gardez-nous en ce jour, protégez-nous, permettez-nous de rentrer à la maison sains et saufs.

Padre Pio, sois proche de nous, éloigne de nous et de notre famille toutes les mauvaises choses, maladies et catastrophes. Amen.»

Matteo m'écoute attentivement, comme il le fait toujours quand je prie avec lui, et, à la fin, il répète «Amen».

Nous arrivons chez Dora, je lui donne un baiser, puis il s'éloigne en souriant.

A deux reprises, il se retourne et me fait un signe de la main, puis il referme le portail derrière lui.

Je fais démarrer ma voiture et je m'en vais: nous ignorions tous les deux que Padre Pio allait vraiment faire attention à nous, comme nous lui avions demandé dans notre simple prière, et qu'il allait permettre à mon fils de rentrer chez nous sain et sauf.

Dora me racontera par la suite que Matteo, une fois arrivé chez elle, était resté immobile avec son manteau et son sac à dos sur les épaules, en disant qu'il se sentait fatigué et qu'il avait mal à la tête.

Mais étant donné que Matteo, comme la plupart des enfants, disait et continue de dire bien des mensonges, ni Dora, ni son mari, ne l'avait cru. Ils l'avaient même gentiment réprimandé, pensant que son mal de tête était une excuse classique pour ne pas aller à l'école.

En réalité, ce mal de tête était le début d'une énorme tragédie.

Les faits

La terrible et extraordinaire histoire de Matteo s'est déroulée en l'espace de presque quarante jours, comme un carême.

Le 20 janvier 2000 au soir, il fut hospitalisé, mourant, dans le département de pédiatrie de la Casa Sollievo della Sofferenza (Maison du soulagement de la douleur) et immédiatement conduit en réanimation. Matteo avait fêté ses sept ans le mois précédent.

Le lendemain matin se déroulèrent les moments les plus dramatiques: environ une heure de situation désespérée, caractérisée par un œdème pulmonaire, un arrêt cardiaque, une saturation d'oxygène à 18%, après quoi l'enfant fut placé en coma pharmacologique; suivirent alors, pour lui, onze jours de sommeil forcé et, pour nous, onze jours de douleur immense.

Le 31 janvier, Matteo s'est réveillé; le 12 février, il est sorti du service de réanimation et le 26 février il a quitté l'hôpital.

Les détails de ces jours qui n'en finissaient pas, de ces jours remplis de souffrance, sont racontés dans les récits qui suivent, qui ne sont pas la répétition les uns des autres, mais plutôt la dilatation les uns des autres. De fait, ils expriment ce qui s'est passé à travers les sensations que chacun a éprouvées au fil des heures.

Ces témoignages servent à souligner la véracité de ce cas et l'étude approfondie, attentive et objective qui a été faite sur la maladie de Matteo. Chacun sera libre de croire ou non au miracle et pourra commenter cela de manière scientifique ou théologique: il n'en demeure pas moins que les faits sont ce qu'ils sont et qu'ils le resteront!

Les récits sur la maladie de Matteo

Ce qui suit constitue les témoignages très douloureux que mon mari, mes frères et moi-même avons apportés, afin que l'on puisse connaître les faits avérés, de notre point de vue, au sujet de la maladie de Matteo et de son exceptionnelle guérison. Viennent s'y ajouter quelques passages des rapports que le docteur Pietro Gerardo Violi a écrits après un long, pénible et délicat travail de recueil de données et de témoignages sur la maladie de mon fils; ces rapports ont accompagné le dossier médical de Matteo et ont été étudiés par la commission médicale de la Congrégation pour la cause des saints.

Je remercie le docteur Violi pour l'engagement et l'honnêteté personnels et professionnels avec lesquels il a mené à bien les études sur la maladie de mon fils, en suivant avec sérénité sa conscience et en consacrant d'importantes énergies à l'exposé scientifique de toute l'affaire.

Mon intention est de faire savoir à ceux qui sont sceptiques ou non croyants, à ceux qui pourraient supposer une emphase excessive de ma part dans la description du caractère extraordinaire de la guérison de mon fils, qu'il existe des données objectives et médicales, capables d'expliquer et de confirmer la gravité de la situation de Matteo, l'énorme quantité de complications qui suivirent la pathologie initiale, déjà terrible en soi, ainsi que la violence et le caractère irréversible des dommages, qu'à la fin cet enfant a «mystérieusement» surmontés et sans séquelles d'aucune sorte.

Il y a aussi des passages du témoignage du médecin chef de la réanimation, le docteur Paolo De Vivo qui, avec son équipe, après la grave crise de Matteo au deuxième jour de son hospitalisation et tout en ayant conscience que le pronostic était terrible, pour ne pas dire fatal, n'a cessé de dispenser toutes ses énergies professionnelles, émotives et morales afin que l'enfant poursuive sa bataille contre la mort.

Il y a enfin les récits d'Anna Raffaella Clemente et d'Angela Frattaruolo, les deux infirmières de la réanimation qui assistèrent à la tragédie du vendredi 21 janvier au matin, lorsque Matteo fut sur le point de nous quitter et que l'équipe médicale, après des heures et des heures de tentatives incessantes de réanimation, face au caractère inéluctable de la situation de mon enfant, fut sur le point — comme quiconque l'aurait fait — d'abandonner le combat.

Les jours qui suivirent le réveil de mon fils, plus d'une fois j'ai parlé avec Angela du caractère extraordinaire de son cas et j'ai été très frappée par l'attitude merveilleuse de cette douce mère de famille, infirmière ayant acquis une longue expérience, mais aussi profondément croyante, qui me répétait, avec une émotion toujours vive, qu'elle avait vu mon fils en fin de vie puis renaître en une suite d'événements inexplicables.

Merci à Angela de m'avoir permis de faire connaître son vécu, mais merci surtout parce qu'elle a accompli un chemin de foi particulier qui lui a permis d'être proche de Matteo avec amour, dans les moments les plus dramatiques de sa terrible aventure, cet amour que Padre Pio demandait d'apporter au chevet des malades.

Tous les infirmiers du service de réanimation, comme ceux du service de pédiatrie, ont manifesté à l'égard de Matteo une humanité incomparable, mais Angela a tenu la main de mon fils quand, pendant quelques instants, à sept heures du matin, le 21 janvier, s'étant remis de son choc, il regardait autour de lui, effrayé, me cherchant sans doute du regard.

Moi, à ce moment-là, j'étais dehors en train de me désespérer et de supplier le Seigneur de lui tenir la main à ma place. Et un ange m'a remplacée pour le consoler, avant que s'accomplisse la tragédie et, tout de suite après, le miracle.

J'ai voulu insérer aussi quelques lignes extraites des témoignages des experts *ab inspectione*, des médecins et des théologiens de la Congrégation pour la cause des saints, étant donné que les documents sont tous désormais publics.

Tous ces récits et rapports, ainsi que d'autres provenant de médecins ou non, ont accompagné nos témoignages verbaux durant le procès diocésain instruit à Manfredonia le 11 juin 2000 et achevé le 17 octobre de la même année.

Récit d'Antonio Colella
sur la maladie de son fils Matteo

Il est environ 10 h 30, le 20 janvier 2000, quand je reçois un coup de téléphone de ma femme qui, très agitée, me dit d'aller à l'école de Matteo car la maîtresse l'a avertie que notre fils allait mal.

Arrivé à l'école, je trouve Matteo près d'un radiateur, tout tremblant, autant de peur qu'à cause de frissons dus à la fièvre qui ne cessait d'augmenter. Une fois à la maison, les frissons se sont en partie atténués. Sa température axillaire est de 38, 5 degrés, et il ne présente pas d'autres symptômes, ni subjectifs, ni objectifs. Je lui administre donc simplement un suppositoire de Tachipirina de 500 mg.

Au bout d'environ une heure, Matteo se lève pour aller faire caca et, dans les toilettes, il vomit (le lait de son petit déjeuner).

Malgré le suppositoire, la fièvre reste élevée.

Matteo préfère ne pas manger et reste au lit tout l'après-midi.

Je m'étends à côté de lui.

Vers 17 heures, il a 39 degrés de fièvre. Je lui administre un autre suppositoire de Tachipirina et j'attends le temps nécessaire pour qu'il fasse effet.

Pendant ce temps, Matteo est toujours lucide et déclare se sentir un peu mieux; il me demande s'il doit retourner à l'école.

Au bout d'environ une heure, la fièvre atteint 40, 2 degrés. J'appelle alors un collègue, Donato Antonacci, pour lui demander de m'apporter de la Novalgina, car je n'en ai plus à la maison. En attendant j'applique à Matteo des compresses imbibées d'alcool aux extrémités de ses membres.

Donato m'apporte immédiatement le médicament en question et j'en fais boire une dizaine de gouttes à mon fils. Par ailleurs, je téléphone à Michele Pellegrino, le pédiatre, pour qu'il vienne visiter Matteo. Je ne sais pas pourquoi j'ai demandé de l'aide à un collègue, cela ne m'était jamais arrivé auparavant, mais je sens que quelque chose m'inquiète, un besoin d'écouter l'avis d'un spécialiste.

Michele m'assure qu'il passera à la maison en sortant de l'hôpital.

Au bout d'une demi-heure la fièvre tombe à 38 degrés et Matteo me dit qu'il se sent beaucoup mieux.

Tout à coup, il me dit qu'il a l'impression de voler.

Cette sensation m'effraye et je rappelle Donato Antonacci pour qu'il me réconforte immédiatement et aussi pour qu'il m'aide à prendre une décision quant à l'éventualité d'une hospitalisation.

Cet après-midi-là je suis seul à la maison avec Matteo et Alessandro car ma femme est à Foggia pour un cours d'habilitation.

Quand Donato revient, Matteo va bien et il réussit à extorquer à Donato la promesse d'une invitation à manger une pizza quand sa fièvre sera tombée.

A 19 h 30, Michele Pellegrino arrive et ausculte attentivement Matteo sans trouver aucun signe pathologique. De fait, l'enfant n'a plus vomi, il ne présente pas de taches sur le corps, ni de rigidité au niveau de la nuque, bref aucun signe qui puisse faire supposer un problème de méningite ou cérébral. Le seul signe est une légère torpeur, qu'il impute à l'hyperpyrexie.

Michele s'en va en me conseillant de le tenir informé sur toute variation de l'état clinique.

A 20 h 30, ma femme, Maria Lucia, revient à la maison et, en entrant dans la chambre, elle lance un «bonsoir Matteo»: mais l'enfant ne la reconnaît pas.

Nous devenons nerveux, mais nous pensons toutefois que l'enfant ne répond pas parce qu'il est dans un demi-sommeil. En l'embrassant dans le cou, ma femme remarque des petites taches rouges; apeurée, elle m'appelle en me disant que l'enfant à des pétéchies.

Je mens effrontément, pour ne pas l'effrayer, en disant que les taches sont dues à l'effet de l'alcool avec lequel je l'avais frictionné; toutefois, en même temps, je lui dis de le préparer pour l'emmener à l'hôpital afin de procéder à des examens.

Avant de partir j'avise le docteur Pellegrino que je vais à l'hôpital car des pétéchies sont apparues sur le thorax. Nous avertissons aussi une amie de la famille, Dora, pour lui demander de garder Alessandro, notre autre fils, pendant quelques heures.

Arrivés aux Urgences, Matteo est soporeux et répond avec difficultés aux questions. Je l'allonge sur un brancard et nous le portons vite au service de pédiatrie.

Durant le trajet des Urgences au service de pédiatrie, Matteo s'est couvert de pétéchies qui se multiplient à vue d'œil.

Le docteur Maccarone, le pédiatre de garde, informé par le docteur Pellegrino, attend Matteo. Lorsque nous le déshabillons pour le visiter, je me rends compte de la tragédie qui se déroule sous mes yeux; tout son corps est désormais couvert de pétéchies qui s'agrandissent à vue d'œil. La coagulation intravasculaire disséminée a provoqué des lésions cutanées.

Nous appelons le docteur De Negri, au service de réanimation, pour prendre une veine car Matteo est maintenant en état de choc. Le docteur Pellegrino arrive avec le docteur Gorgoglione. Ils pratiquent des prélèvements hémato-chimiques et décident d'une thérapie antibiotique (Rocefin 1 gr et 2 gr ev) accompagnée de Cortisone (100 mg de Flebocortid).

Je demande à Michele Pellegrino ce qui se passe et il me répond que la situation clinique est très grave car il existe une suspicion fondée d'importante infection générale bactérienne. Je lui demande s'il s'agit du syndrome de Waterhouse-Friderichsen et Michele acquiesce. Je précise que je ne me souviens de ce syndrome, très rare, que parce que quand je l'avais étudié, aussi bien en Pathologie qu'en Clinique médicale, il m'avait suscité un état d'angoisse indescriptible, aussi bien à cause de la violence de l'évolution que par la dureté des photographies des patients.

Je n'ai jamais été hypocondriaque. Par exemple, j'ai toujours fumé pendant la période universitaire sans avoir peur d'attraper un cancer du poumon, que je rencontrais pourtant souvent parmi les pathologies à étudier. Mais je me souviens encore avec effroi de l'infection méningococcique.

Ma femme et moi sommes désespérés comme, je crois, tous ceux qui sont autour de nous.

Avec Matteo, qui nous cherche, nous faisons semblant de rien.

A l'improviste, il nous dit à haute voix que s'il devient riche, il donnera tout aux pauvres; cette affirmation spontanée nous surprend tous.

Ensuite il appelle un serveur car il veut de l'eau gazeuse.

Le docteur Gorgoglione lui fait une piqûre lombaire pour prélever du liquor.

Pendant ce temps les résultats des examens hémato-chimiques arrivent.

Je les lis sur le visage du collègue qui les reçoit du laboratoire par téléphone.

Il me les communique, mais je ne suis désormais plus lucide; je me souviens seulement du nombre de plaquettes: 13 000. Matteo est transporté au service de réanimation II.

Pendant toute la période d'hospitalisation, je demeure avec Matteo, davantage comme père que comme médecin car, vu la situation, je m'en remets à mes collègues et au Seigneur.

J'ai seulement prié Jésus, la Vierge et Padre Pio tous les jours et toutes les nuits que j'ai passées à l'hôpital.

Je vis cette période dans l'angoisse de savoir que d'un moment à l'autre je peux perdre Matteo, avec le cauchemar de la réponse des examens hémato-chimiques, de la radiographie du thorax, de la diurèse et de tous les paramètres cardio-respiratoires reproduits sur l'écran.

Je n'arrive pas à rester lucide quand, par gentillesse, mes collègues me montrent les différents examens, hématologiques et radiologiques, ne cherchant qu'à entrevoir sur leurs visages un quelconque signe d'espérance.

Mais il n'en va pas ainsi durant les dix premiers jours d'hospitalisation, car aucun n'est enclin à susciter en moi des illusions.

Je me souviens avec beaucoup d'angoisse du visage du médecin chef, le docteur De Vivo, quand, le vendredi 21 janvier, vers 13 heures je crois, je me présente dans le box où il est en train de désinfecter le corps de Matteo pour prendre l'autre veine fémorale pour l'hémofiltration.

Il se tourne vers moi et, sans un salut, il évite mon regard.

Je comprends alors que tout est fini pour Matteo. Je téléphone à ma sœur et je lui dis de venir immédiatement.

Je retourne en endorologie, où se trouvent ma femme et ses frères, auxquels je ne dis rien de ma sensation que tout est fini, mais je m'évanouis.

On doit m'allonger sur un brancard à cause d'une chute de tension. Je reste là environ une heure à pleurer et à prier.

Je retourne au service de réanimation où une infirmière, Angela Frattaruolo, me dit que Matteo s'est totalement remis d'un arrêt cardiaque. Je précise que durant la matinée j'avais été très discret, je ne m'étais pas approché de mon fils, car je voulais laisser mes collègues travailler en paix sans interférences, même psychologiques.

Voilà pourquoi, à part l'épisode du médecin chef, je ne savais pas ce qui s'était passé.

Alors je m'informe, je ne me souviens pas auprès de quel collègue, de ce qui s'est produit et il me raconte que, dans la matinée, l'état de choc de Matteo s'était aggravé à cause d'un œdème pulmonaire important et d'une forte bradycardie. Il me fait également comprendre que même si la situation clinique s'est améliorée, il ne faut pas se faire d'illusions.

Un épisode semblable, bien que plus léger, se produit le dimanche 23 janvier.

Je passe tous ces jours-là, aussi bien en réanimation qu'en pédiatrie, à prier et à offrir ma vie pour celle de Matteo.

Maintenant, avec le temps, je rencontre encore des personnes que je connais, des personnes que je connais seulement de vue ou que je ne connais pas, qui m'arrêtent en me demandant des nouvelles de Matteo et en me disant tous qu'ils ont beaucoup prié pour lui.

San Giovanni Rotondo
14 mai 2000

Récit de Maria Lucia Ippolito Sanità sur la maladie de son fils Matteo

Jésus, tu as dit: «On n'allume pas une lampe pour la cacher, mais la placer en haut, afin qu'elle fournisse de la lumière à ceux qui sont dans la maison.»

Voilà pourquoi, sur les conseils du Père Giacinto, j'ai décidé de raconter le don merveilleux que tu as voulu faire à notre famille, en ce long et incroyable mois, du 20 janvier au 26 février.

Je regarde ton image qui, ces jours-là, m'a donné la force et l'espérance, et je sais que ma vie — qui auparavant était déjà imprégnée de toi — ne pourra plus désormais se dérouler sans être totalement dédiée à ton incroyable Mystère de Passion, de Mort et de Résurrection. Même si ce ne sera pas facile.

Tu m'as fait le don immense du miracle, mais avant lui, le très grand don de la foi.

Tu m'as rendu Matteo dans ton infinie bonté.

Tu nous as choisis et tu nous as généreusement bénis, sans aucun mérite de notre part.

Tu n'as pas regardé nos péchés en nous donnant ton amour mais, comme tu l'as dit toi-même: «Tu as crié vers moi dans ton angoisse et moi je t'ai libéré.»

Aujourd'hui, alors que je suis agenouillée devant le Saint Sacrement, je ne peux que répéter merci et merci pour ton infinie Miséricorde; merci à toi et à ta douce Maman, qui a tenu Matteo entre ses bras, qui a eu pitié de nous et qui a voulu intercéder auprès de toi pour consoler ma douleur de mère; merci ô Seigneur, parce que tu es aux côtés de tous ceux qui te cherchent et comme c'est écrit: «Tu as changé ma plainte en une danse, mes vêtements de deuil en vêtements de joie.»

Cher Padre Pio, *Te Deum laudamus.*

Je veux m'adresser à toi comme je l'ai lu dans ta correspondance.

«Que de grâces, vraiment que de grâces accordées par Jésus dans cette tempête», dit Raffaelina Cerase, et moi je le répète en ce moment si complexe de ma vie.

Cher Père, douce ombre aimante, sous la protection de qui j'ai placé ma famille et moi-même depuis toujours — sûre que tu n'abandonnes jamais ceux qui s'adressent à toi comme un enfant humble et confiant —, tu as regardé ma douleur et tu as présenté à Dieu mes misérables prières.

Merci de ta protection.

Je regarde Matteo qui joue avec la *Play Station*, attentif, intéressé et qui me parle de sa voix qui n'est pas artificielle, mais identique à celle d'autrefois, de toutes ces choses brusquement interrompues ce 20 janvier fatidique, comme si cet interminable mois n'était jamais arrivé, comme si sa terrible maladie ne s'était jamais manifestée.

Ainsi je me dis que la douleur que j'ai vécue n'est qu'un mauvais rêve, qui s'évanouit dans la transparence de ses yeux.

L'immense drame traversé se perd sur son doux visage, si fortement aimé, qui est revenu à la vie.

Je suis sûre — sans tenir compte du jugement des hommes — que le retour à la vie de Matteo est l'œuvre de Dieu, de sa Miséricorde et de ton intercession, de ta prière auprès de lui.

Les rêves et le premier signe

Il y a environ un an et demi, j'ai fait un rêve très doux.

Je me trouvais à l'infirmerie d'un couvent pour me confesser et, tout à coup, j'entendis plusieurs voix qui disaient: «Padre Pio arrive, Padre Pio arrive.»

Je fus envahie par une douleur intime et inconnue jusqu'alors et je tombai à genoux, pleurant à chaudes larmes.

Un instant plus tard Padre Pio arrivait près de moi et me disait tendrement: «Pourquoi pleures-tu?». Et moi: «Je ne le sais pas!»

Alors Padre Pio, de sa main droite — je me souviens encore de la chaleur de son gant de laine — me caressa la joue en prononçant ces mots: «De quoi as-tu peur? Je suis avec toi, je serai toujours proche de toi!»

Il y a six ou sept mois, j'ai fait un autre rêve.

J'étais dans un cimetière, inconnu et angoissant.

Tandis que la peur m'envahissait, Padre Pio apparut à nouveau et me demanda: «Que fais-tu ici?». Je lui répondis simplement en haussant les épaules et en regardant autour de moi, terrorisée.

Padre Pio me sourit et me dit en dialecte: «Marche, va, sors de là, tu n'as rien à faire ici! Allez, toi devant et moi derrière, sortons de là!»

Je me réveillai, épouvantée, en pensant que quelque chose de dangereux devait arriver.

Quelques jours avant la fin du mois d'août, en entrant dans ma chambre, les larmes aux yeux, après une discussion banale avec mon mari — qui nous avait fait nous mettre en colère et qui m'avait fait invoquer l'aide de Padre Pio — à deux reprises je sentis l'odeur d'un parfum étrange, très doux et joyeux, mélange de fleurs allant des roses aux violettes.

Je me retournai, apeurée, et je me rendis compte que cette odeur ne pouvait venir de nulle part.

Je sortis sur le balcon, pensant que le parfum pouvait venir de là, mais il n'y avait rien.

J'appelai tout de suite mon mari et, une fois dans la pièce, je lui demandai s'il ne sentait pas une odeur étrange.

Antonio me répondit: «Oui, une odeur de fleurs, et alors?». Après quoi, tranquille, il s'en alla.

En attendant, l'odeur avait disparu et ce n'est qu'à ce moment-là que je me rendis compte que je pensais à Padre Pio.

Emue, je réalisai que ce pouvait être un signe et qu'il voulait certainement me dire qu'il était proche de moi.

Je n'aurais jamais cru que nous attendait tout ce que nous allions devoir affronter avec la maladie de Matteo.

La petite lettre de Noël

Aujourd'hui, 19 février 2000, un mois, exactement trente jours se sont écoulés depuis ce terrible jeudi 20 janvier. Matteo, ici en pédiatrie, a longuement joué avec Alessandro; il a mangé de la mozzarella, du jambon cru et des rigatoni en sauce.

Je ne peux que répéter: «Merci, Seigneur, merci!» et me mirer dans ses yeux devenus plus profonds, plus gris, plus lumineux, qui m'expliquent le mystère fantastique de la Miséricorde de Dieu, de l'affection maternelle de Marie, de la «preuve d'amour» du Seigneur que, dans cette souffrance, nous avons dû accueillir et vivre, avec force et avec foi.

Mais ce ne sont pas seulement ses yeux qui sont incroyables, tout le reste l'est, surtout ce qu'il doit.

D'abord quand je lui ai demandé de s'efforcer de guérir vite, il m'a répondu: «Dieu seul sait quand je vais guérir», comme un vieux sage, et, quelques instants plus tard, se tournant vers moi, il a ajouté: «Maintenant j'ai deux anniversaires, le 4 décembre et le 31 janvier, car je suis né deux fois. Et puis, tu sais, maman, ce que signifie pour moi guérir? Cela signifie un seul mot: souffrance!»

Je l'ai regardé, déconcertée par ce qu'il me disait avec un naturel déconcertant et je lui ai répondu: «Pourquoi dis-tu cela, Matteo? Si moi, ta maman, j'avais pu souffrir à ta place, je l'aurais fait de tout mon cœur et de tout mon amour. J'aurais même offert ma vie pour toi. Tous, papa, tes oncles, tes grands-parents, auraient voulu être à ta place!»

Alors, d'un air sérieux, Matteo a ajouté: «Non, maman, c'est moi qui devais souffrir!»

A ces mots si éloignés de ses expressions habituelles, je me suis sentie parcourue d'un frisson et j'ai eu la nette sensation que quelqu'un de plus grand les lui avait inspirés.

Au bout de quelques minutes, je lui ai demandé ce qu'il avait voulu me dire, mais Matteo a haussé les épaules sans parvenir à me donner une plus vaste explication. Je me suis alors souvenue de ce que m'avait dit un prêtre cher, Don Biagio: «Matteo est un signe d'union et de conversion pour votre famille et pour les autres, pour ceux qui sont autour de vous!»

Je me suis alors souvenue d'une autre chose incroyable, survenue quelque temps plus tôt et à laquelle je parviens maintenant à donner une signification.

C'était en décembre, quelques jours avant les vacances de Noël.

Après avoir terminé ses devoirs, je dis à Matteo de prendre une feuille pour écrire sa petite lettre au Père Noël, afin de la mettre dans la cheminée, comme nous avions coutume de le faire.

Tenant en main son stylo, Matteo prit un air songeur, concentré qu'il était à réfléchir au choix du cadeau de Noël à demander.

Mais après un temps de réflexion, il me fit une étrange requête: «Maman, moi, pour ce Noël, je ne veux pas de cadeaux; je veux connaître l'Enfant Jésus!»

Je le regardai, un peu perplexe, et lui répondis: «Tu es trop petit pour connaître Jésus, cela se fera dans cent ans quand, devenu vieux, vieux, tu mourras. Il n'est pas encore temps d'aller voir Jésus, notamment parce que Jésus, tu peux le voir en tout être humain qui est à côté de nous!»

La requête de Matteo m'avait un peu surprise, mais j'éloignai tout de suite de mon cœur toute sensation négative et nous écrivîmes la petite lettre de Noël, avec les demandes de jouets habituels comme cadeaux.

Ce n'est que quand Matteo était dans le coma, en janvier, que j'appris de sa maîtresse, Concetta, que le lendemain, à l'école, il avait également fait, sur son cahier de classe, la même requête: connaître Jésus.

Je compris alors que Quelqu'un de plus grand que nous avait touché son cœur et m'avait donné un signe.

Je crois fermement en la volonté de Dieu de communiquer avec nous, misérables mortels, à travers des signes particuliers et je crois aussi que c'est l'ouverture de notre cœur qui nous permet de les saisir. Ce jour-là, cependant, je n'étais pas disposée à croire à un message qui devait me préparer à une grande épreuve.

Exactement comme en septembre, quand Matteo, une semaine après la mort de mon beau-père, alors que je venais de le mettre au lit, eut une crise de panique et de larmes. J'essayai de le consoler, lui demandant la raison de ses larmes et lui, en sanglotant, m'expliqua qu'il ne voulait pas aller au paradis avec son grand-père.

Je tentai alors de le calmer, en le rassurant et en lui disant qu'il était trop petit pour aller au ciel avec son grand-père Alessandro.

Mais il ne m'écoutait pas et répétait que son grand-père voulait venir le chercher pour l'emporter avec lui.

Qui sait ce que son cœur était parvenu à saisir!

Maintenant, seulement maintenant, il me semble être en mesure de relier les mots aux événements, comme des morceaux d'un puzzle déjà connu du ciel.

D'ailleurs, Padre Pio avait coutume de répéter: «Le Seigneur combine les combinaisons.»

Ce qui arriva le 20 janvier 2000

C'est ce jour-là que commence l'aventure extraordinaire de ma famille, le terrible cauchemar qui s'acheva par la suite comme une fable.

Il est 20 h 30, je rentre de Foggia, préoccupée par la forte fièvre de Matteo qui dure depuis le début de l'après-midi et dont mon mari m'a parlé, m'appelant sur mon téléphone portable.

Le matin, déjà, la maîtresse de Matteo m'avait prévenue de l'école, me disant que l'enfant souffrait d'un fort mal de tête. J'avais accouru, en même temps que mon mari, pour me rendre compte de ce qui se passait.

Mais, en plus de la fièvre, l'enfant présentait d'autres symptômes, ce qui nous avait fait penser à une grippe, donc assez facile à soigner.

Forte de cela, je m'étais rendue à Foggia l'après-midi pour suivre mon cours d'habilitation, laissant Matteo en compagnie de son papa.

La fièvre était demeurée forte pendant tout ce temps, l'enfant avait même vomi et mon mari avait voulu m'en avertir par téléphone.

Une fois arrivée dans la chambre des enfants, je trouve Matteo les yeux perdus dans le vide et qui ne reconnaît pas ma voix.

Bien qu'Antonio tente de me tranquilliser — car mon mari, lui-même médecin a ausculté l'enfant, qui a également reçu la visite d'un pédiatre à peine une demi-heure plus tôt sans qu'aucun signe particulier n'ait été décelé (taches, rigidité de la nuque) — je suis prise de panique, comme si quelqu'un me disait que la situation est dangereuse.

Je m'approche de Matteo pour lui donner un baiser dans le cou et, en abaissant le col de son pyjama, j'aperçois sur lui des taches violacées, plus ou moins grandes.

Terrorisée, j'appelle Antonio et je lui dis: «Viens vite, viens voir, l'enfant a des taches, il a la CID», utilisant des termes spécifiques qui désignent un syndrome rare et très grave (coagulation intravasculaire disséminée), qu'il n'est pas commun de diagnostiquer, d'autant que je l'avais rencontrée bien des années en arrière sur le traité de pathologie médicale, sans l'avoir jamais plus étudiée par la suite, même si à l'époque du doctorat, cette pathologie, si rare et si terrible, avait laissé en moi un sentiment de peur inexplicable et exagéré.

Ces deux mots brûlants tirent pourtant la sonnette d'alarme.

Mon mari accourt voir Matteo et appelle immédiatement le docteur Pellegrino. Rassemblant quelques affaires, nous décidons de courir à l'hôpital, après avoir, au passage, laissé Alessandro chez un ami, Nicola.

Environ quinze minutes s'écoulent.

Nous arrivons aux Urgences, allongeons l'enfant sur un brancard, et le portons rapidement au service de Pédiatrie. Il est environ 21 heures et quelques minutes.

Mon cœur est toujours plus oppressé et je crois que celui d'Antonio l'est aussi.

Je sens qu'il se passe quelque chose de terrible, notamment parce que les taches ne font qu'augmenter en nombre et en grandeur, à une vitesse étonnante qui exprime la gravité que je lis dans les yeux terrorisés et alarmés de ceux — médecins et infirmiers — qui s'approchent de Matteo.

Quand nous arrivons à l'infirmerie du service de Pédiatrie, l'enfant est déjà en état de choc et ils n'arrivent pas à prendre une veine pour commencer la thérapie d'urgence.

Malgré cela, Matteo continue à parler; il est encore conscient et, après le bref moment de confusion sensorielle à la maison, il a retrouvé ses esprits et demande une pizza, de l'eau gazeuse, tout en hurlant parce qu'on lui fait mal en tentant difficilement d'enfiler une aiguille. Je suis près de lui et je l'entends me demander à nouveau de l'eau gazeuse: «Comment dit-on papa, garçon, garçon, je veux de l'eau gazeuse!»

Il a très soif, une soif due à l'état de choc et je suis toujours plus consciente du caractère irréversible de la tragédie qui se déroule sous mes yeux.

Je suis en train de perdre mon fils, mon enfant, et je ne peux rien faire; je me sens très faible, mais je ne tombe pas; je reste là à prier en silence, les larmes coulent toutes seules, beaucoup de larmes: «Jésus, aide-moi, Jésus, aide-moi, Jésus, Marie, ne nous abandonnez pas.»

Pendant ce temps, Matteo dit à son père une phrase aussi belle qu'incroyable: «Papa, quand je serai grand, je veux devenir riche pour tout donner aux pauvres.»

Cette phrase me frappe — comme elle frappe étrangement aussi le docteur Gorgoglione, il me le dira lui-même bien plus tard — malgré la certitude que Matteo est en train de mourir.

Je lis cette expression et je l'interprète comme un signe de Jésus qui me dit que l'enfant grandira; alors je ne cesse de l'implorer: «Dans ta bonté, Seigneur, viens à notre secours.» Mon mari me fait sortir dans le couloir car la situation dégénère et là je ne trouve que la force, au milieu des sanglots, d'avertir mes frères que l'enfant est en train de mourir et de chercher dans mon portefeuille les pages de prière que j'emporte toujours avec moi.

En tremblant, je trouve l'image de Jésus — celle de la Divine Miséricorde — tel qu'il est apparu à sœur Faustine.

Je commence à prier, à réciter le chapelet de la Divine Miséricorde, à répéter les mots, extraits de l'Evangile, qui sont gravés sur la page: «Tout ce que vous demanderez à mon Père en mon nom, il vous l'accordera.» Je répète la phrase que Jésus, lors précisément d'une apparition à sœur Faustine Kowalska, avait enseignée: «Jésus, j'ai confiance en toi contre toute espérance.»

Je commence à appeler Padre Pio avec insistance, à invoquer sa prière, son aide.

Pendant ce temps Matteo, après d'incroyables consultations entre pédiatres et réanimateurs, est emmené sur un brancard vers l'ascenseur pour être transféré en salle de réanimation.

Je le regarde, avilie, pour la dernière fois, tandis que la porte de l'ascenseur se referme. Dix jours devront s'écouler avant que je puisse revoir son visage et son petit corps martyrisés.

La nuit passe lentement; jamais auparavant je n'avais trouvé les minutes et les secondes aussi longues.

Le docteur Pellegrino, qui restera avec nous durant tous ces longs jours, et mon mari continuent d'entrer et sortir de la salle de réanimation, afin de quêter quelques nouvelles de l'enfant.

Mon frère Nicola et moi restons là à prier.

C'est une nuit d'invocations au Seigneur, à Marie, à Padre Pio, aux archanges, à saint Giuseppe Moscati, aux âmes du purgatoire.

Les mots les plus fréquents que je répète sont: «Jésus, tu as dit que la prière est la faiblesse de Dieu, écoute-moi. Tu as dit: demandez et il vous sera donné, sauve Matteo. Tu peux tout, ressuscite Matteo comme tu l'as fait pour Lazare!»

Chaque heure qui passe est une espérance qui s'allume, contre la certitude que ce qui a frappé mon fils est mortel et terrible.

Je ne cesse de répéter la prière jaculatoire que prononça Padre Pio au moment de sa mort: «Jésus et Marie, Jésus et Marie.»

Cette nuit infinie s'écoule en transperçant nos cœurs.

Au matin, je me rends dans le service où l'on me permet d'attendre des nouvelles de l'enfant.

Pendant ce temps commence une interminable procession d'amis, de connaissances, de membres de la famille, de prêtres, dont je ne garde qu'un faible souvenir.

Ce dont je me souviens très nettement, en revanche, c'est la requête explicite, forte, pressante, faite à chacun de prier: des prières pour Matteo, des prières qui parviennent jusqu'à Dieu.

Dans la matinée, je me rends compte — même si personne ne me dit rien —, que la situation empire: je le comprends en lisant sur les visages bouleversés et en entendant les allusions étranges.

Pourtant je continue à demander des prières, à supplier le Christ, par sa Passion douloureuse, par son Sang béni, d'accomplir ce miracle. Je sais que je ne le mérite pas, mais je lui répète que son infinie Miséricorde permet aussi aux âmes les plus noires de demander de l'aide.

Je prie la Vierge, la Mère des Douleurs, par le calvaire de son Fils, de me concéder, à moi — mère indigne — de traverser mon calvaire pour la vie.

En attendant, en réanimation II — je le découvrirai plus tard — il se passe toutes sortes de choses.

Dans la matinée, Matteo fait une importante bradycardie; il devient impossible de mesurer sa tension; ses veines, avec les cathéters, saignent à cause d'un déficit de coagulation; une écume rose sort de sa bouche à cause d'un œdème pulmonaire provoqué par un déséquilibre cardiaque.

Je ne sais rien de tout ce qui se passe, mais je me rends compte que la situation est très grave en voyant les regards éteints de nos amis médecins qui sont proches de nous.

Vendredi soir, je demande aux sacristines, Tiziana et Maria, de me permettre de prier dans la cellule de Padre Pio et sur sa tombe.

Le Père Rinaldo fait ouvrir les deux et j'ai le privilège de m'agenouiller pour supplier devant le lit de Padre Pio et sur le bloc de granit qui recouvre sa dépouille mortelle.

Je suis entrée dans la cellule de Padre Pio le jour de mon mariage pour demander à son cœur immense de protéger et de bénir la famille qui s'apprêtait à naître.

Je lui demande maintenant de ne pas la détruire, de présenter nos misérables prières au Seigneur, de conduire nos pleurs jusqu'au Tout-Puissant, de ne pas m'enlever mon petit ange.

Le soir, à 20 h 30, le Père Marciano et les autres frères me permettent de rester agenouillée sur la tombe de Padre Pio et de dire le chapelet avec eux.

Le chapelet, «cette arme puissante», comme il le disait.

En priant, le visage écrasé sur le granit froid, je vois les yeux fermés, en noir et blanc, un frère portant la barbe qui s'approche d'un lit, l'air décidé, et qui, de ses deux mains, soulève le petit corps rigide d'un enfant pour le mettre debout.

Cela dure un instant!

J'ouvre et je referme les yeux, dans l'espoir de voir cette scène se poursuivre. Mais mon esprit ne parvient plus à produire d'images, c'est le noir complet, tandis que mon cœur commence à battre très fort.

Je réalise que ce frère, c'est Padre Pio, et que peut-être, pendant que j'étais là, précisément sur sa tombe, abandonnée à ma douleur de mère, près, tout près de lui, il a voulu me dire: «J'aiderai Matteo à se lever.»

Je le crois, je le crois fermement, je m'accuse d'irrationalité, mais je le crois et je répète: «Jésus, j'ai confiance en toi contre toute espérance.»

Je commence ainsi à penser que cela aussi c'est un signe, comme les rêves que j'avais faits les mois précédents.

Un signe, comme le besoin incontrôlé de prier, de connaître Dieu qui, depuis environ deux ans, m'avait prise et me conduisait ces derniers temps à fréquenter avec enthousiasme l'église, la messe, à consacrer du temps aux lectures religieuses: l'Evangile, les vêpres, les laudes, les vies de saints, et enfin la «correspondance» de Padre Pio.

Ces lettres, toujours sur ma table de nuit, pour répondre à mes doutes et à mes questions.

Oui, parce qu'à chaque fois que j'ai connu une incertitude, une épreuve, une tristesse, j'ai ouvert au hasard un des livres des lettres de Padre Pio et, inévitablement, j'ai trouvé la réponse dans les lignes de cette page.

C'est ce qui se produisit le vendredi 21, au soir, quand épuisée par la douleur, après que mes frères m'eurent ramenée à la maison, les affaires de Matteo éparpillées, son cartable, ses lunettes et son petit pyjama me jettent dans un état de prostration telle et de désespoir que je n'ai que la force de m'effondrer sur mon lit en sanglotant.

Et là, à un moment donné, je me rends compte que l'unique consolation qui me reste, en plus de l'invocation incessante à Jésus et Marie, c'est de prendre la correspondance de Padre Pio et de l'ouvrir comme cela, au hasard, comme j'ai coutume de le faire pour communiquer avec lui.

Les mots qui apparaissent sont les suivants: «Que le Père des orphelins soit béni à jamais pour avoir rappelé à la vie, dans son infinie bonté, la pauvre Giovina. Je ne vous cache pas que le danger qu'elle a encouru fut vraiment extrême, plus que vous ne pouvez l'imaginer. Elle a été arrachée aux

griffes de la mort: elle était destinée à rejoindre ses parents
là-haut. Seules les innombrables prières ont suspendu son
exécution.»

Ce sont les mots que Padre Pio adresse à sa fille spirituelle,
Raffaelina Cerase, à propos de sa sœur Giovina, malade.

Mon cœur s'ouvre, lentement, et je me sens parcourue par
une nouvelle espérance, presque tangible, qui efface mystérieusement la dureté de la réalité et la certitude de la gravité
de l'état de Matteo.

Le besoin de prier devient plus fort, car Padre Pio parle de
la «force de la prière» pour suspendre «l'exécution» et je
crois qu'il pourra se passer la même chose pour Matteo, que
l'on pourra obtenir la suspension de l'exécution, si nous
prions.

A tous ceux qui me téléphonent ou qui m'arrêtent pour
avoir des nouvelles de l'enfant, aux amis, aux parents, aux
familiers, je demande des prières, des prières: «Prions,
prions, seule la prière peut sauver Matteo.»

Avec mon frère Giovanni, affrontant la neige, je vais d'un
couvent à un autre, d'une communauté de religieuses à une
autre, pour quémander des prières, car je pense à Jésus qui
a dit: «Là où deux ou plusieurs personnes sont réunies en
mon nom, je suis avec elles.»

Ainsi, mystérieusement et miraculeusement, se tisse un
vaste et intense réseau de voix qui s'adressent au Seigneur, à
la Vierge, aux saints, au paradis tout entier pour venir en
aide à Matteo.

Pour Matteo — je ne le saurai que plus tard — beaucoup
de gens prient dans les églises et dans les maisons de nombreuses villes d'Italie, dans les lieux saints comme Lorette,
Assise, et même à Lourdes, répondant à ma requête.

Une phrase de Padre Pio continue d'affleurer à mon esprit:
«La prière est une arme puissante, une clef qui ouvre le cœur
de Dieu.»

Cette expression me pousse davantage et continuellement
à utiliser la prière pour implorer la miséricorde de Dieu. Je
répète à Jésus: «Tu as dit: je ne veux pas que le pécheur

meure, mais qu'il se convertisse et qu'il vive, si Matteo souffre pour ma conversion, celle d'Antonio et d'autres, sauve-le!»

Samedi 22 janvier

Le matin, tandis que je prie et demande intensément au Seigneur un signe d'espérance et de reprise, une de mes amies, Antoinette, m'appelle, me disant qu'une infirmière, Grazia, une maman qui un an auparavant a vécu avec son fils Francesco une expérience analogue à la mienne, de souffrance et d'abandon confiant à la volonté et à l'amour de Dieu, veut me rencontrer et me livrer un message important.

J'accepte immédiatement et je me fais accompagner par Nunzia, une autre amie, au laboratoire d'analyses où travaille Grazia. A mon insu, elle contrôle continuellement les résultats des examens de sang de mon fils.

Quand je la rencontre, son doux visage me transmet tout de suite une sensation de calme.

Nous nous présentons et nous nous retirons quelques instants dans les vestiaires.

Là, elle me dit qu'elle s'est entretenue par téléphone avec un prêtre qui se trouve à la cathédrale de Salerne; c'est un grand homme de prière et, étant enfant, il avait connu Padre Pio.

Ce prêtre, que je ne connais pas, lui a dit qu'il existait une espérance pour mon fils et que cette espérance était la prière.

Ces paroles, avec le récit de Grazia sur la maladie de mon fils, me convainquent définitivement que la prière commune, forte, sincère, diffuse, peut vraiment sauver Matteo.

Le soir de ce même jour, je demande à Maria et à Tiziana de m'accorder à nouveau de rentrer dans la cellule de Padre Pio. Le Père Rinaldo l'ouvre et j'ai encore la joie de pouvoir m'agenouiller dans ce lieu rendu saint par Padre Pio pour lui demander de nous bénir.

Une crise de larmes, irrésistibles mais discrètes, m'envahit alors que je suis agenouillée devant son lit et je lui adresse ma demande d'aide, confiant la vie de Matteo à la force de sa prière.

En priant dans cette cellule, je sens peu à peu la chaleur de l'affection paternelle de Padre Pio. Je sens qu'en dépit du drame et de mes pleurs, la consolation flotte légèrement dans l'air; je sens sa présence protectrice.

Puis je descends dans la crypte et, comme le soir précédent, il m'est permis de rester pour méditer et souffrir. Je récite le chapelet avec les frères et, au moment où je m'apprête à partir et à monter les escaliers, l'un d'eux, le Père Giacinto, me saisit le bras d'une manière décidée mais aimante et me dit: «Ayez la foi, ayez la foi, vous verrez, nous y arriverons.»

Ce visage souriant éclaire étrangement mon visage tourmenté et je m'aperçois que je crois fermement à ses paroles.

J'ai confiance, j'ai confiance en la toute-puissance de Dieu, dans les paroles de Jésus: «Frappez et l'on vous ouvrira.»

Je ne veux pas me rebeller contre le Seigneur, je me soumets à sa volonté, mais je pense avoir le droit, puisque je suis sa fille, de frapper à la porte de son immense amour et de demander, de supplier — comme pour Abraham — d'épargner mon Isaac.

Un peu avant, le Père Paolo, un vieux frère qui nous connaît bien et qui a été proche de Padre Pio les derniers jours de sa vie, avait placé entre mes mains une relique de Padre Pio enveloppée dans un morceau de papier. Je ne sais pas de quoi il s'agit, mais je la serre fort et je pense que je la porterai à Matteo pour qu'il la tienne dans la paume de sa main. J'en avais déjà une autre, que m'avait donnée le même jour sa nièce Giovanna: c'est un petit morceau de papier identique au précédent, qu'elle avait reçu elle aussi du Père Paolo. Mais celle-ci je la tiendrai entre mes mains, ou sous mon oreiller, toujours avec moi, tous les jours, comme pour espérer que Padre Pio étant en même temps avec mon fils et avec moi — ne serait-ce que par le biais de ce petit signe matériel — pourra me relier à Matteo, pour lui transmettre ma force et mon amour, que je ne pourrais pas lui faire parvenir autrement.

Du vendredi 21 au mercredi 26, je passe mes journées avec mes frères entre le service médical où Matteo est hospitalisé et la tombe de Padre Pio. De son côté, mon mari égrène son chapelet, près du petit corps inerte et crucifié de Matteo.

Mon seul souci est de prier, prier.

Quand des amis et des parents viennent me trouver, en signe d'affection et de solidarité, bien que distraite par leur présence, je ne cesse de prier, car il me semble que chaque prière en moins peut ôter une espérance à mon fils, que tout ce qui n'est pas prière peut devenir une perte de temps.

Dimanche 23 janvier

Tiziana, la sacristine, a pris un rendez-vous avec le frère Modestino pour midi.

Nous attendons un peu dans la vieille sacristie, puis le frère nous reçoit.

Antonio et moi nous nous mettons à pleurer à chaudes larmes, mais le frère Modestino, marmonnant dans son langage mi-italien mi-dialectique, nous dit: «Ayez la foi, ayez la foi. Ne vous rebellez pas contre la volonté du Seigneur, mais priez. Et dites simplement à Dieu: tu nous l'as donné et tu dois nous le rendre. Ne vous rebellez pas contre la volonté du Seigneur. Priez! Moi j'offre à Dieu ma vie pour Matteo, j'offre ma vie et mes souffrances.»

Puis le frère Modestino prend le Crucifix que lui a donné Padre Pio, il nous le donne à embrasser, tout en répétant: «Ayez la foi, ayez la foi, ne vous rebellez pas contre la volonté de Dieu. Je l'ai dit à Padre Pio, prie pour Matteo, prie pour Matteo, fais que ce soit le miracle pour ta sanctification. Tu as besoin d'un miracle pour devenir saint, aide Matteo, et monte sur l'autel avec lui. Je suis sûr qu'il en sera ainsi. Matteo guérira et portera Padre Pio à la gloire des autels.» Nous saluons le frère et nous sortons de la pièce, dans le vieux couloir près de la vieille église où Padre Pio avait reçu tant de fidèles pendant des années.

Là, réconfortée par les mots du frère Modestino, je demande en silence à Padre Pio de faire en sorte que les phrases de réconfort de cet humble frère deviennent réalité et d'invoquer la miséricorde de Dieu.

Pendant toutes ces heures, un élan irrépressible m'a poussée à me confesser, à communier, à demander à mes frères, à mes belles-sœurs, à mes parents, à ma belle-mère, à mon fils Alessandro, qui n'a que onze ans, d'en faire autant, car je suis certaine que l'Eucharistie, moment suprême de la messe, qui est la communion avec Dieu, est aussi le moment où il est plus facile de demander ses grâces au Seigneur, par la Passion de son Fils bien aimé Jésus-Christ.

Je sens que l'Eucharistie est le meilleur moyen d'obtenir la grâce de Dieu et que la grâce de Dieu est la condition indispensable pour implorer son aide.

Dans la soirée de ce même dimanche, je retourne chercher un peu de paix dans la crypte avec mon mari et nous nous arrêtons sous l'escalier pour demander des prières au Père Terenzio, un vieux frère doté d'une forte personnalité, qui nous réconforte en nous disant lui aussi: «Ayez la foi, priez, soyez dans la grâce de Dieu, moi, de mon côté, j'offrirai ma pénitence au Seigneur, chaque soir je resterai ici pour prier pour Matteo au lieu d'aller dîner avec les autres frères. Prions le Seigneur que cela puisse être le miracle qui rendra saint Padre Pio et le conduira à la gloire des autels.»

Padre Terenzio est à la fois doux, sûr de lui et rassurant; ses paroles et le timbre de sa voix sont chaleureux; sa longue barbe blanche, sa capuche baissée sur son front, me rappellent Padre Pio et je le crois, je crois que quelqu'un de plus grand que lui l'a conduit à me dire ces paroles d'espérance.

Mercredi 26 janvier

Vers 19 heures, je retourne sur les lieux de Padre Pio: sa cellule, sa tombe, lui demandant de prier pour que mon enfant revienne consoler et égayer nos jours.

Je lui répète ses paroles: «N'aie pas peur, tu n'es pas seul dans cette agonie.»

Accompagnée de mes frères et de ma belle-sœur, je me rends aussi dans le chœur, sous le crucifix qui a donné les stigmates à Padre Pio.

Dans le silence et dans la pénombre, en fixant le Christ souffrant, je commence un long dialogue avec lui et je le supplie de faire traverser à Matteo, dont le corps est martyrisé comme le sien, rempli de plaies sombres, profondes et nombreuses, cette douloureuse Passion pour la vie. «Jésus — lui dis-je — j'ai confiance en ta Miséricorde. Fais que tout cela ne soit qu'une épreuve de foi. Je ne veux pas me rebeller contre la volonté de Dieu, mais comme tu l'as dit au jardin de Gethsémani, si tu le peux, éloigne de moi cette coupe. Tu as dit à sœur Faustine: *Quiconque aura confiance en ma miséricorde ne sera pas déçu et recevra des grâces sans fin.* Accorde donc à cette famille d'être à nouveau unie, d'embrasser à nouveau Matteo!»

Après nous être longuement recueillis, nous laissons le chœur et nous descendons dans la sacristie. Or, juste sur les dernières marches de l'escalier qui mène à la sacristie, je suis enveloppée par un très fort parfum de fleurs, une odeur pénétrante et très agréable, mais il n'y a rien alentour d'où puisse émaner un tel parfum. Je le dis à mes frères, à ma belle-sœur, à Tiziana la sacristine. Ni elle, ni Nicola n'ont rien senti, alors que Giovanni et Maria ont perçu cette odeur suave et florale. Après un temps de doute et de trouble, je comprends que Padre Pio se trouve certainement là, pour me dire qu'il est près de moi, que quelque chose de bon va arriver à Matteo. Ainsi, contre l'évidence de la gravité de la maladie de mon fils, désormais en phase de coma pharmacologique depuis six jours, je suis convaincue que je vais avoir de bonnes nouvelles. De fait, le lendemain vers 20 heures le médecin chef de la réanimation décide de soumettre Matteo à un examen du cerveau (scanographie) pour s'assurer de sa fonctionnalité; cet examen avait déjà été programmé, puis renvoyé et, enfin — *ex abrupto* — effectué.

Les résultats sont satisfaisants et inattendus car aucun type de lésion ou de dommage n'apparaît.

La chose la plus importante dont je me souvienne de ce moment-là, c'est que pendant que l'on conduit Matteo en radiologie, je suis en train de faire, comme chaque jour, la neuvaine à Notre-Dame de Pompéi et, après l'avoir terminée, pour rendre mon attente moins angoissante, je quitte rapidement l'hôpital, le cœur battant, et je me dirige vers l'église de Padre Pio pour y dire le chapelet avec les frères et demander l'aide de Dieu, dans sa maison. Or, juste au moment d'arriver à la porte de la vieille église, j'entends mon frère Nicola qui m'appelle, m'ayant rejointe en courant, pour m'annoncer les résultats des examens: «Maria Lucia, ils ont fini, tout va bien, il n'a rien au cerveau, rien du tout!»

Nous éprouvons une joie immense, nous nous serrons dans les bras l'un de l'autre et je me laisse aller à des larmes réparatrices. Je remercie Jésus et la Sainte Vierge de nous avoir assistés, et Padre Pio d'avoir prié avec moi et de m'avoir donné un signe, car maintenant je suis sûre qu'il existe un lien entre la scanographie et le parfum senti la veille.

En outre, précisément ce jour-là — étrangement — une de mes amies, Maria, avait fait parvenir à Antonio, par le biais de son mari médecin, une relique de Padre Pio dont je découvrirai plus tard qu'elle lui était très chère et que j'ai attachée à la tête du lit de mon fils. Nous n'entretenions pas une amitié profonde avec Maria, pourtant depuis qu'elle avait appris la maladie de Matteo, elle avait ressenti de jour en jour, toujours plus fortement et de manière inexplicable, le besoin de m'offrir ce si précieux souvenir de Padre Pio.

30 janvier

J'ai perdu la notion du temps et de la réalité. Ce qui se passe autour de moi ne m'intéresse pas; je ne cherche que Dieu pour qu'il me donne la force, le courage et qu'il ne m'abandonne pas.

Il est 16 heures. Grazia et Pasquale ont gentiment pensé m'emmener au monastère des Clarisses, un fabuleux endroit de paix et de méditation, pour me présenter sœur Teresa. Elle nous attend derrière la grille.

Son visage est très doux et nous parlons longuement de l'amour du Seigneur, de la foi qui est ouverture à la bonté de Dieu; nous parlons de Matteo pour qui sœur Teresa est convaincue que Padre Pio a prié et priera encore.

Elle aussi m'a d'ailleurs envoyé une relique de Padre Pio, que je fais accrocher près du lit de douleur de Matteo, dans le service de réanimation, près de l'autre. La sœur m'encourage en m'assurant de ses prières et de celles de ses consœurs.

Je crois fermement que la prière, ainsi partagée par tant de personnes, aussi forte, ouvrira le cœur de Dieu, que l'épreuve que le Seigneur nous a envoyée est une épreuve d'amour qui sera suivie de la consolation, comme le dit Padre Pio: «Ta souffrance se transformera un jour en joie pour toi!»

Je m'en vais, réconfortée, et avec les amis qui m'ont conduite à elle comme des anges gardiens, nous allons à la messe dans l'église de Padre Pio.

Après la messe, une impulsion irrépressible d'aller voir Matteo m'envahit. Depuis le soir de son hospitalisation je n'ai pas pu le voir.

Une autre amie, Antonietta, est avec moi. Elle a été la première à le voir quand il est né et c'est elle qui maintenant me pousse à aller le voir, à prendre mon courage à deux mains; elle me dit qu'elle veut m'accompagner.

Ainsi, avec une douleur aiguë et d'une intensité inexplicable, nous montons avec mon mari au service de réanimation.

Nous enfilons une blouse verte, un bonnet, des chaussures spéciales, nous mettons un masque et, finalement, après dix jours interminables, je vois Matteo.

L'impact est terrible.

Je commence à trembler, à pleurer violemment, car Matteo est intubé, couvert de plaies, les yeux fermés; de nombreuses pompes jouent derrière lui une chanson macabre: pour moi, c'est Jésus crucifié.

«Jésus, Jésus, sauve-le, sauve-le, toi seul peux le sauver. Padre Pio et les saints archanges, je suis loin, donnez-lui la main à ma place, donnez-lui la main pour le retenir ici sur la terre, pour qu'il revienne avec nous, ne l'emportez pas au ciel, ce petit ange! Et toi, Matteo, résiste, résiste, tout le paradis est à tes côtés, tu vas y arriver!»

Je ressemble à une folle, en répétant à haute voix ces mots. Au bout d'un moment, mon mari me fait sortir de la pièce. Je suis anéantie, mais l'attrait de Matteo était trop fort. Ce n'est que le lendemain que j'en comprends la raison, parce que dans ce besoin il y avait la main de Dieu. Matteo allait se réveiller le lundi, c'est-à-dire le lendemain, et le Seigneur avait voulu me préparer à l'accueillir à la vie.

Ce soir-là, quand je suis rentrée à la maison, j'ai trouvé une autre surprise incroyable: un des frères — je ne sais pas lequel sur le moment (cela aussi je le comprendrai plus tard) — m'a envoyé sur un petit feuillet une très belle prière écrite par Padre Pio et datée de 1934: «Dans les moments tristes, priez encore, du moment que vos pleurs soient des pleurs de confiance, car les larmes que Dieu fait couler sont un prélude au torrent de délices qui les submergeront!»

Je sens que c'est encore un signe de Padre Pio, qui veut m'encourager, m'inciter à avoir la foi, à garder confiance, qui veut me dire: «Je suis avec toi, avec vous.»

Les mots du prêtre de Salerne, qui m'avait réconforté au téléphone, me reviennent à l'esprit: «Le Seigneur a dit: quiconque croit en moi, je serai avec lui et je ne l'abandonnerai pas!»

31 janvier

C'est une date importante. Aujourd'hui, c'est la fête de San Ciro (saint Cyr) et je me souviendrai toujours de ce jour-là comme du second anniversaire de Matteo.

Je m'apprête à aller à l'hôpital, accompagnée de Giusi, l'épouse du docteur Catapano, quand arrive un premier coup de téléphone. C'est mon menuisier, Michele, un ami de San

Marco qui me demande s'il peut apporter une petite chose pour Teo, une photo de Padre Pio. Sans réfléchir je lui dis que oui; c'est quelque chose qui concerne Padre Pio et je veux donc la recevoir absolument. Au bout de quelques minutes, le second coup de téléphone. C'est Antonio qui, haletant, me dit que Matteo a ouvert les yeux: il s'est réveillé. On lui a supprimé le curare et, même s'il est encore sous l'effet du diprivan, il comprend et reconnaît les gens.

Je ne comprends plus rien, l'émotion, la peur et la joie sont trop grandes. Avec Giusi, c'est une course vers l'hôpital.

Arrivées en réanimation, nous trouvons Antonio et Giuseppe, le mari de Giusi.

Nous enfilons les vêtements stériles et nous arrivons derrière la vitre du box de Teo.

Il a les yeux ouverts, un peu perdus dans le vide, mais ouverts.

Giuseppe, qui les jours précédents a été notre messager des nouvelles de l'enfant à partir du service de réanimation, me dit que c'est gagné, que Matteo vivra et la sérénité de son regard me donne force et espérance.

Je me souviendrai toujours, toute ma vie, de la sérénité que cet ami m'a donnée à chaque fois que je sortais du service de réanimation, une sérénité qui venait du cœur, malgré la complexité du cadre clinique de Teo. Je crois qu'elle lui venait de quelqu'un de plus grand et de plus conscient que nous, misérables mortels.

Le bonheur que j'ai éprouvé à ce moment-là fut le plus grand de ma vie, immensément plus grand que celui du premier cri que j'ai entendu à la naissance de Matteo et d'Alessandro dans la salle d'accouchement.

Je comprenais que la descente commençait, descente compliquée mais merveilleuse vers la vie. Je ne cessais de répéter: «Jésus, Marie, Padre Pio et tous les saints du paradis, merci, merci!» Vers l'heure du déjeuner, je suis rentrée à la maison prendre les affaires dont j'avais besoin pour rester à l'hôpital auprès de Matteo.

Au bout de quelques minutes, Michele, le menuisier, arrive, tenant en main la photo de Padre Pio. Je le remercie infiniment de son geste d'affection, j'enlève la photo de la pochette dans laquelle elle se trouve et je l'observe. C'est une photo originale en noir et blanc de Padre Pio tenant dans ses bras l'Enfant Jésus. Je la retourne et, derrière, se trouvent écrits quelques mots autographes de Padre Pio, avec sa signature, adressés à une de ses filles spirituelles. Ce qui me bouleverse, c'est que cette fille spirituelle s'appelait Lucia, exactement comme moi.

A cet instant, j'ai la sensation que Padre Pio a voulu me faire parvenir cette photo en ce jour spécial du réveil de mon fils, pour que je comprenne qu'il est proche de nous, avec le Seigneur, et qu'il prie avec nous.

Voici les mots inscrits derrière la photo: «Chère Lucia, je te souhaite une bonne fête, avec les mots que le Père m'a dits dernièrement lors du mien — Que Marie éloigne de toi toute crainte, qu'elle rassérène ton esprit et te rende digne de la Miséricorde Divine, en te montrant Jésus dans la plénitude de sa gloire — Padre Pio.»

En lisant ces quelques lignes, j'ai les larmes aux yeux. Je serre la photo contre moi et je remercie Padre Pio de m'avoir fait sentir, une fois encore, sa présence et sa protection. Je suis sûre que Matteo ira mieux de jour en jour, que son organisme réagira, car le Seigneur peut tout.

Ainsi commence le rétablissement de mon fils, très difficile et très douloureux.

Les premières heures sont terribles car l'enfant est intubé, il ne peut pas parler, il ne réussit pas à s'expliquer pour quelle raison il est là et notre douleur devient la projection de la sienne.

Le jour suivant, tandis que Matteo est avec moi, il tourne ses yeux dans le vide à plusieurs reprises et, bougeant les lèvres, il me murmure: «Je veux Padre Pio, je veux Padre Pio», puis il ouvre et ferme la main droite.

Je ne comprends pas le sens de ce geste et, ne sachant pas quoi faire, je prends une petite image de Padre Pio et je la lui mets dans la main droite.

Je ne comprendrai que plus tard — lorsqu'il me le racontera — que Matteo cherchait Padre Pio parce qu'il lui avait tenu la main durant son coma pharmacologique mais, à son réveil, il ne l'avait plus vu à côté de lui.

6 février

C'est dimanche, sept jours sont passés depuis son réveil. Matteo joue avec la *Play-Station* et regarde la télévision; il souffre encore beaucoup et demeure très faible, mais ses organes ont recommencé à bien fonctionner et les examens hématochimiques s'améliorent de jour en jour.

Il est 19 h 30, je suis seule avec lui. Depuis une semaine, avec Antonio et mes frères, nous nous relayons à son chevet.

J'ai maintenant bien appris à lire sur ses lèvres ce qu'il ne peut pas dire avec sa voix.

A un moment donné, Matteo me demande en bougeant la bouche: «Maman, quand m'a-t-on endormi et pourquoi? Combien de temps ai-je dormi?».

Pour ne pas le faire souffrir, je lui dis qu'il n'a dormi qu'une seule nuit et qu'on lui a fait faire ce long sommeil pour pouvoir le soigner.

Puis, à l'improviste, il me vient de lui demander: «Mais n'as-tu rien rêvé pendant cette nuit-là? Tu ne te souviens de rien de ce sommeil profond?».

Matteo hausse d'abord les épaules, puis ferme les yeux comme pour réfléchir.

Un moment plus tard il les rouvre et me dit avec ses lèvres: «Si, je me suis vu!»

«Comment ça, tu t'es vu?», lui dis-je étonnée.

«Je me suis vu pendant que je dormais, de loin, tout seul dans ce lit», me dit Teo.

«Oh!», lui répondis-je. «Mon pauvre petit amour! Tout seul! Et les médecins n'étaient pas là, ni les infirmiers, ni maman, ni papa?».

«Non», ajoute Teo. Puis il referme les yeux. De toute évidence, il est en train de se concentrer sur ses souvenirs. Il rouvre les yeux et il ajoute: «Non, maman, je n'étais pas tout seul!»

«Et qui était avec toi?», lui dis-je.

«Il y avait un vieux, très vieux monsieur, avec une barbe blanche», me répond-il.

Moi, à ce moment précis, je ne comprends pas et je lui demande, perplexe: «Et comment était vêtu ce monsieur?».

Et lui: «Il avait un long vêtement marron.»

«Et que faisait-il?», lui demandai-je.

«Il m'a donné la main droite et m'a dit: Matteo, ne t'en fais pas, tu guériras bientôt.»

A ces mots, mon cœur a commencé à battre très fort.

J'ai compris que Matteo devait avoir vu quelqu'un d'exceptionnel et j'imaginais qui, mais je n'osais pas y croire.

Aussi ai-je pris la petite image de Padre Pio que Matteo avait serrée entre ses mains (d'ailleurs sans jamais la voir) et je la lui ai mise sous les yeux sans rien dire.

Il l'a observée attentivement pendant un moment, puis les yeux illuminés et remplis d'une joie inattendue, il m'a dit sur ses lèvres: «C'est lui, maman, c'est lui, c'est Padre Pio, c'est Padre Pio qui était à côté de moi!»

En entendant son affirmation aussi nette et sûre, ma première réaction a été de m'agenouiller à côté du lit et de remercier le Seigneur de m'avoir accordé de pouvoir embrasser à nouveau mon enfant, mais aussi de m'avoir accordé le don merveilleux et inattendu du signe.

Je sentais, en raison de toutes les choses incroyables que j'avais éprouvées et qui s'étaient succédées, que Padre Pio avait été proche de moi, de nous tous, mais jamais je n'aurais pu imaginer en avoir la certitude grâce au récit spontané et innocent de Matteo.

Et l'histoire n'est pas terminée.

Un instant après, Matteo a ajouté que, de l'autre côté de son lit, il avait vu de grands anges.

«Combien?», lui ai-je demandé. «Trois», m'a-t-il répondu. Et moi: «Comment t'es-tu aperçu qu'il s'agissait d'anges?».

«A leurs ailes! L'un était blanc, avec des ailes jaunes, et deux étaient rouges, avec des ailes blanches.»

«Que t'ont-ils dit?», lui ai-je demandé.

«Rien, ils étaient là en silence!», m'a-t-il répondu.

Et encore moi: «Comment était leur visage?».

«Je ne les ai pas vus car ils étaient trop lumineux!», a ajouté Matteo.

Un instant plus tard, le docteur Mione est entré et a trouvé Matteo rayonnant et moi bouleversée.

Il m'a demandé pourquoi et moi, après avoir demandé la permission à Matteo, je lui ai raconté ce qui s'était passé.

Le docteur a écouté en silence et, au bout d'un moment, baissant les yeux, il a dit: «Tu sais, Matteo, nous aussi nous croyons qu'il est venu!»

Le lendemain, j'ai raconté aux infirmières de garde, notamment à Angela, tout ce que m'avait raconté Matteo. Fascinées et heureuses elles m'ont confirmé que quelque chose d'incroyable était intervenu, surtout si l'on considérait la façon dont la maladie s'était développée et aggravée de façon inexorable le vendredi 21 au matin.

Ainsi, en parlant avec elles, j'ai appris les terribles détails que j'ignorais jusqu'alors et qui n'ont fait que me convaincre davantage de l'intervention de Dieu. J'ai compris aussi que les médecins — d'ailleurs très qualifiés, consciencieux et profondément humains, le médecin chef en particulier si silencieux et dévoué, sensible et infatigable — n'avaient été que des instruments entre les mains du Seigneur.

Une phrase d'Angela, en particulier, me frappe et me fait frissonner. Se souvenant de cette triste matinée, elle m'avoue avoir pensé avec une grande tristesse, tandis que l'état de santé de Matteo empirait, que quelques instants plus tard elle allait devoir laver cet enfant désormais en phase terminale pour «l'emmener en bas».

Cet «en bas» voulait dire — même si le mot n'avait pas été prononcé — la morgue.

Un frisson me parcourt alors de la tête aux pieds et cette scène, imaginée et décrite, me coupe le souffle. Je me tourne vers Matteo, affligé mais vivant, je baisse mes yeux mouillés de larmes et je dis en moi-même: «Jésus et Marie merci, merci, merci!»

Peu après le docteur Del Gaudio entre dans le box, disant qu'il avait entendu parler du rêve de Matteo et qu'il était au chevet du lit de l'enfant, avec la doctoresse Salvatore et d'autres (dont je ne me souviens plus), quand il semblait perdu.

Je lui demande des explications et il me raconte que le cœur de Matteo avait cédé, avec un battement de temps en temps, mais sans plus pouvoir mesurer la tension artérielle tant l'œdème pulmonaire était important. Tous pensaient que l'enfant était «perdu», selon l'expression consacrée.

Ils s'étaient rendu compte qu'il n'y avait plus rien à faire et étaient désespérés.

A ce moment-là, la doctoresse Salvatore, poussée par on ne sait quelle voix intérieure, l'a priée de faire encore quelque chose, une dernière tentative.

Le docteur Del Gaudio lui a répondu: «Bon, essayons, mais Padre Pio doit nous aider!»

Ils lui ont alors administré non pas une, mais cinq ampoules d'adrénaline.

De ce que j'ai pu capter de cette explication, en profane, il s'agissait d'une énorme dose, difficilement administrée, et à laquelle Matteo avait répondu sans effets de surdosage, en recommençant à vivre.

Certes, les médecins pourront expliquer plus en détail et de façon technique ce qui s'est produit et pourquoi. Je sais simplement que ces mots ont provoqué en moi une grande souffrance, puis un grand bonheur, à pouvoir être là en train de regarder mon fils vivant.

Lundi 7 février

Il est 19 heures. Je prie pour remercier Dieu de ce qui s'est passé, tout en serrant la main de Teo qui, bien que souffrant encore beaucoup, est vivant. Vivant!

Je pense devoir raconter à quelqu'un ce que l'enfant m'a rapporté.

Mais je ne sais pas comment, ni à qui, et je demande l'aide de l'Esprit Saint.

A ce moment-là arrive le Père Giacinto.

Il était déjà venu trouver Teo une autre fois, pendant que l'enfant dormait, et il avait posé sur ses lèvres une relique de Padre Pio, qu'il avait reçue précisément ces jours-là de je ne sais plus qui.

En le voyant arriver, je lui demande si Marie, ma belle-sœur, sacristine au couvent, lui a raconté quelque chose. Il me dit que non et écoute, heureux, le récit que Matteo m'a livré.

A la fin, il me dit en souriant: «Grâce à la prière, nous avons arraché ce miracle au Seigneur, mais maintenant, pour le faire connaître aux autres, nous devons attendre que Matteo sorte de là, du service de réanimation. Et puis nous sommes sûrs qu'il y a eu un miracle, mais pour qu'il soit complet, pour que le Seigneur puisse continuer à agir, vous devez être en grâce, dans la grâce de Dieu!»

J'écoute ses paroles, convaincue qu'il parle sous l'effet d'une illumination.

Nous prions avec Matteo, nous récitons l'*Angelus Domini* et le *Gloria*, et moi, en mon for interne, je me dispose à attendre.

Samedi 12 février

Aujourd'hui Matteo a été transféré, plus tôt que prévu, au service de pédiatrie.

Il est encore couvert de plaies, avec des ulcères nombreux et profonds, sans parler de la trachéotomie ni de la gastroto-mie. Ses muscles sont hypotoniques, il n'arrive pas du tout à bouger, mais malgré cela ses conditions s'améliorent, peu à peu, comme pour une «petite fourmi».

C'est l'expression qu'avait employée Rosetta, une amie de Salerne, douce et particulière, qui avait tant prié pour lui, me rassurant sur le fait que l'enfant se remettrait totalement.

Ma joie est immense et celle de Matteo aussi. Je regarde le Crucifix et je pense, comme je l'ai lu si souvent: «Seigneur, ouvre mes lèvres, et ma bouche publiera ta louange!»

En pédiatrie, Matteo a reçu un accueil merveilleux. Là aussi tous ont espéré qu'il s'en sortirait: du coup, ils ont débouché une bouteille de mousseux.

Le docteur Pellegrino, qui a été, lui aussi, un ange gardien, lui fait les honneurs de la maison, avec le docteur Gorgoglione.

L'après-midi, le Père Giacinto revient nous trouver et, cette fois, il me prie d'écrire rapidement sur une feuille quelques mots sur ce qui s'est passé, pour la remettre au Père Gerardo. Il lui semble que le moment est venu de faire connaître ce cas au vice-postulateur, avec sérénité et discrétion.

Je lui raconte que les jours précédents j'ai reçu la prière de Padre Pio, celle de 1934, et le Père Giacinto m'explique, satisfait, que c'est lui qui me l'a envoyée.

Il l'avait reçue au confessionnal, pendant la période où Matteo allait mal précisément, de la part d'un pèlerin qui, venant de Foggia, avait senti le désir irrépressible de venir à San Giovanni Rotondo pour remettre aux frères la photocopie d'une image de Jésus crucifié que le pape avait reçue en 1934 de Padre Pio, avec ces mots merveilleux qui m'avaient procuré tant de force pendant mon séjour tourmenté avec l'enfant dans le service de réanimation.

C'est précisément avec cette prière que quelque chose d'étrange m'était arrivé deux jours plus tôt et je m'empresse de lui faire savoir: assise sur mon lit pour la transcrire sur la première page de la correspondance de Padre Pio (le second volume, celui que j'avais ouvert le soir de la tragédie et sur lequel j'avais trouvé la phrase d'espérance), tout en remerciant le Seigneur au milieu de larmes de bonheur, d'avoir fait suivre la douleur d'un torrent de douceurs, j'avais à nouveau senti le parfum de fleurs comme à la sacristie, presque comme si Padre Pio avait voulu me dire: «Tu as vu, j'ai été et je suis avec toi!»

En entendant mon récit, le Père Giacinto sourit, heureux, sans commenter, puis prend sa relique de Padre Pio, me la donne à embrasser, puis à Matteo — comme il l'avait déjà fait en réanimation — en me demandant cette fois si je sens le splendide parfum qui en émanait.

Je ne sens rien, et je le regarde un peu perplexe. Pourtant, quelques minutes plus tard, quand il s'en va, je suis à nouveau envahie un instant par cette incroyable odeur de fleurs, douce et chatoyante. Peut-être, un instant plus tôt, n'avais-je pas été disposée à croire!

Tandis que je reste là à regarder Matteo qui joue tranquillement avec ses jouets, les mots du Cantique de Moïse me reviennent à l'esprit: «Ma force et mon chant, c'est le Seigneur. Il m'a sauvé... Qui est comme toi, redoutable en tes exploits, auteur de prodiges?».

Jeudi 24 février

J'ai été parler avec le Père Gerardo, craintive, parce qu'il est silencieux, ses yeux sont pénétrants: ils vous scrutent, vous soupèsent.

Je lui ai raconté la maladie et la guérison de Matteo, mon profond amour pour Padre Pio, ma connaissance de sa correspondance. Je lui dis que quelle que soit la décision des hommes sur cette affaire, ma profonde conviction de maman et de croyante demeurera que mon fils est revenu parmi nous parce que le Seigneur nous l'a rendu, qu'il est intervenu pour nous consoler dans son immense miséricorde, grâce à l'intercession de notre cher Padre Pio.

Puis je suis retournée auprès de Matteo et je lui ai expliqué comment j'avais décrit son rêve avec Padre Pio (dont je crois que ce fut en réalité une vraie rencontre) au Père Gerardo.

Matteo me raconte d'autres détails, maintenant qu'il va mieux et qu'il est plus lucide.

«Tu sais, maman», m'a-t-il dit, «je dormais et je me regardais de derrière le lit, où se trouvaient les pompes, puis à un moment donné j'ai vu entrer par la porte du box plein de rais d'une lumière très forte. La lumière m'a réveillé et j'ai d'abord vu Padre Pio, puis les anges de l'autre côté.»

—Et qu'est-ce que tu as pensé de cette lumière?

—J'ai pensé que c'était peut-être Jésus!»

Les mots sont forts, mais je fais semblant de rien. Au bout de quelques secondes, Matteo ajoute: «Je me voyais et j'allais bien!»

«Tu éprouvais quelque chose alors?, lui demandai-je.

—Non, rien, j'allais bien parce que je ne sentais rien. Par contre, quand vous m'avez réveillé, j'allais mal et je me suis retrouvé seul, car Padre Pio et les anges n'étaient plus là et moi je les cherchais et je souffrais.»

Je reste quelques minutes en silence, pour réfléchir, puis je lui demande: «Excuse-moi, Matteo, tu me dis que tu étais avec Padre Pio, mais comment fais-tu pour en être sûr?

—Parce que c'est le même que sur la photo», me dit-il en indiquant la photo accrochée dans sa chambre d'hôpital. «Et puis, à la maison, Padre Pio est dans toutes les pièces!

—Tu as raison Teo, tu le connais bien, mais explique-moi pourquoi, pendant que tu étais avec lui, tu ne lui as rien demandé!

Avec un soupir de suffisance, Matteo me dit: «Je ne pouvais pas parler, maman, tu as oublié que j'avais un tuyau? Mais une autre fois j'ai parlé avec Padre Pio!

—Et quand?».

—Quelques nuits après m'être réveillé, j'ai rêvé que je faisais un voyage avec Padre Pio, je t'avais déjà dit que j'avais guéri un enfant tout raide, tu te souviens, maman? Je l'avais dit aussi à l'oncle Giovanni. Avec Padre Pio, cette nuit-là, j'ai fait une sorte de vol. Il m'a donné la main et nous sommes allés dans une ville célèbre, comment s'appelle-t-elle, maman?

—Je ne sais pas, Matteo, Naples, Foggia?

—Non, maman, cette ville avec les maisons que je connais, nous y sommes allés ensemble!»

Il s'arrête un moment puis, satisfait, il dit: «Rome, c'était Rome!

—Et qu'êtes-vous allés faire à Rome?, lui demandai-je, étonnée.

—Nous sommes allés dans un hôpital où un enfant de onze ans était malade, qu'il me semblait connaître. Là, Padre Pio m'a dit, mais il ne parlait pas avec la bouche mais par la pensée: "Matteo, tu veux le guérir, toi?" et je lui ai demandé: "Comment fait-on?", et lui: "Par la force de la volonté." Alors l'enfant s'est réveillé et nous a dit merci. Tout de suite après, je me suis réveillé, et depuis je n'ai plus vu Padre Pio!»

A ces mots de Teo, je suis restée en silence et je me suis souvenue de ce qu'il nous avait raconté, séparément, à mon frère et à moi, quelques jours après son réveil. Il nous avait dit — à des moments différents — qu'il avait fait un rêve durant lequel il avait guéri un enfant «raide». Mais nous n'avions pas attaché d'importance à ce rêve. Je ne pouvais certes pas penser que, bien des jours plus tard, il se souviendrait et raconterait ce rêve d'une manière si détaillée, me faisant également part de son hypothétique voyage avec Padre Pio.

Je ne parviens pas à donner un sens à ses mots, mais une chose est sûre: Matteo raconte ses rêves avec conviction et en étant sûr de lui.

Seul le Seigneur connaît le sens de tout ce qui s'est produit dans notre famille. Ma certitude est qu'il a été proche de nous et qu'il nous a bénis, grâce aussi à l'intercession et à la prière aimante de Padre Pio qui, de sa mission sur la terre, disait: «Comme prêtre, ma mission est une mission de propitiation: gagner la faveur de Dieu à l'égard de la famille humaine.»

Il en a été ainsi, cher Padre Pio. Tu nous as embrassés dans l'épreuve et tu nous as recommandés à Dieu, comme tu le dis toi-même dans ta correspondance: «Je voudrais être près de vous pour réussir plus vite à mener le bon combat avec vous...

je voudrais être près de vous pour pouvoir nous consoler mutuellement... Mais suppliez Jésus, la Sainte Vierge, votre bon ange gardien, pour qu'il exauce mon saint désir. Je me contenterai de vous assister en esprit et de vous aider, autant que je le peux, par d'autres voies. Je l'ai fait jusqu'à présent, je le ferai, avec l'aide divine également à l'avenir, avec davantage d'attention et plus de perfection.»

C'est, je le crois, ce qui s'est passé, cher Père Gérardo — bien qu'indignement — pour moi, pour Matteo et pour toute notre famille.

Et vous, qui connaissez profondément la spiritualité de Padre Pio et qui êtes son grand dévot, vous pourrez comprendre que je suis convaincue de la généreuse participation de Padre Pio, par la prière et l'intercession, à notre douloureuse épreuve familiale.

Peu m'importe que la guérison de Matteo soit considérée comme un miracle, parce que le miracle pour ma famille c'est son retour à la maison et le faisceau de conversions qui a jailli autour de sa souffrance.

Mais il était de mon devoir de vous rapporter mon témoignage de mère et de fidèle.

Je vous remercie de votre attention et je vous demande une bénédiction spéciale pour ma famille éprouvée.

Respectueusement.

P.S.: Je me permets de joindre à ce modeste récit une prière datant de ces jours de souffrance, qui, je l'espère, vous fera mieux me connaître, ainsi que mon cheminement intérieur.

La preuve d'amour

Tu m'appelais, Jésus,
depuis longtemps tu m'appelais,
pour que je tourne vers toi mon regard.
Et moi je t'ai cherché, péniblement.
Je t'ai invoqué, avec la peur.

Je t'ai connu, avec émerveillement.
Je t'ai trouvé avec joie,
en apprenant à prier.
Et quand je t'ai trouvé,
tu m'as donné
ta preuve d'amour.
Tu m'as fait traverser
la douleur
pour éprouver ma foi
et acclamer ta Toute-Puissance.
Mon cœur transpercé de mère
a compris ta Passion
et a confié son espérance
à ton sacrifice.
Toi, Père aimant,
tu as écouté ma prière
et, comme Jaïre,
tu as transformé la mort
en sommeil
et la foi en vie.
Béni soit ton nom
qui écoute celui qui crie
et qui s'abandonne en toi.

Récit de Giovanni Ippolito

Le 20 janvier au soir, ma sœur Maria Lucia m'appela en larmes et parvint seulement à me dire: «L'enfant va mal, c'est grave, priez, c'est grave.» Nous avons préparé nos valises, ma femme et moi, mais il était déjà 22 heures. Nous avons alors décidé de partir le lendemain, par peur de trouver les routes verglacées dans les Apennins.

Nous avons effectivement passé la nuit à prier, comme nous l'avait demandé Maria Lucia. Nos prières étaient adressées en particulier à Padre Pio dont nous possédons plusieurs cadres à la maison, qui nous ont d'ailleurs été offerts par ma sœur.

Jusqu'à 4 heures du matin, nous avons gardé le contact téléphonique avec mon frère, qui avait immédiatement rejoint avec sa fiancée ma sœur Maria et mon beau-frère Antonio à l'hôpital. Ce qui me frappa le plus, c'est que, tout en parlant avec lui, j'entendais ma sœur répéter: «J'ai confiance en toi contre toute espérance»: une phrase que je l'ai entendu dire plusieurs fois, de même que je l'ai souvent entendu réciter des prières et demander l'aide de Padre Pio.

Quand je suis parvenu à parler avec ma sœur, à un certain moment elle a interrompu notre conversation en disant: «Où sont-ils?». Je lui ai demandé: «Quoi?». Elle m'a rassuré en me disant qu'elle cherchait un petit livre de prières qu'elle conservait avec elle: plusieurs fois, cette nuit-là, elle nous demanda de prier.

Le 21, en fin de matinée, arrivé à l'hôpital «Casa Sollievo della Sofferenza», j'ai reçu un coup de téléphone sur mon portable de la part de mon père qui me dit en pleurant qu'il n'y avait plus rien à faire.

A ce moment-là, je me suis dirigé vers la petite église et j'ai regardé la fenêtre où apparaissait Padre Pio. Je l'ai prié de m'écouter, même si, matériellement, il n'était plus là.

L'autre chose, qui me laissait espérer, c'était la phrase que mon frère m'avait rapportée et que Matteo avait prononcée quand il était à l'hôpital, déjà tout couvert de taches: «Papa, je veux devenir riche parce que je veux tout donner aux pauvres.»

Cette phrase maintenait vive mon espérance et me persuadait que le Seigneur ne pouvait pas rappeler à lui un enfant qui, à huit ans, disait une phrase de ce genre; car un enfant comme cela sur cette terre devait faire des choses importantes, d'une valeur hautement chrétienne. Par ailleurs, comme le disait aussi le bienheureux Père, le Seigneur nous a enseigné à le voir en chaque pauvre et malade.

Quand je suis arrivé dans les couloirs de l'hôpital, j'ai d'abord rencontré mon frère, avec lequel nous avons échangé une longue étreinte muette et mouillée de larmes; je n'ai pas eu le courage de lui demander quoi que ce soit; puis j'ai rencontré ma sœur, avec laquelle il en alla de même: je me souviens encore clairement qu'elle tenait un chapelet et une petite image.

Tout de suite après, j'ai rencontré Antonio avec lequel ce fut la même chose. Pendant ce temps ma sœur s'est assise en répétant la même phrase qu'il m'avait semblé entendre la nuit précédente: «Padre Pio, toi qui as fait tant de grâces pour beaucoup de tes fils dans le monde entier, aide-moi, sauve mon fils.»

Peu après une doctoresse amie s'est approchée et lui a dit: «Tu dois être forte pour Alessandro, tu as encore cet enfant.» A ce moment-là je me suis rendu compte que quelque chose était arrivé.

J'ai rencontré beaucoup de leurs amis médecins, notamment un neurologue qui m'a dit que l'enfant avait surmonté une grosse crise et que, pour ce type de maladie, s'il survivait aux 48 ou 72 prochaines heures, peut-être pouvait-on commencer à penser à une possibilité de survie, mais de quelle façon ou avec quelles conséquences, personne ne pouvait le dire.

Le 21 au soir, ma sœur, mon frère et moi sommes allés avec Maria sur la tombe de Padre Pio pour réciter le chapelet avec les frères, ce qu'ils faisaient chaque soir; moi, par contre, je restais souvent avec Alessandro, le frère de Matteo.

Ce soir-là, mon cœur était déchiré car je vis ma sœur agenouillée sur la tombe de Padre Pio, le visage écrasé contre le marbre, comme si elle voulait être le plus près possible de lui, pendant tout le temps que dura le chapelet.

Ma sœur demeura immobile, comme si elle s'était évanouie; je me répétais qu'une prière si pressante ne pouvait pas ne pas être écoutée.

Un vieux frère rencontré près de la tombe me demanda pourquoi je pleurais, puis ajouta: «Est-ce pour une personne qui a disparu?». Au début je ne parvenais pas à lui répondre, puis il me dit: «C'est pour un enfant qui va très mal?», ajoutant, sur un ton paisible: «Aies confiance, prie, cela lui fera beaucoup de bien et à toi aussi.»

Je dois reconnaître qu'il avait raison: ce soir-là, les prières récitées là m'avaient offert un moment de paix, chose bien difficile dans cette situation.

Ce même soir, le Père Rinaldo nous ouvrit gentiment la cellule où nous nous recueillîmes en prière en pleurant; ce fut un des soirs les plus affreux: les médecins n'avaient laissé aucune espérance.

Le mercredi 26, nous sommes de nouveau allés prier avec les frères sur la tombe. Ensuite, à notre demande, ils nous ont permis de nous unir à leur prière dans le chœur, à l'endroit où Padre Pio reçut les stigmates.

Je me sentais un peu bête, mais après ces journées si lourdes, j'avais besoin d'un signe, je l'admets, d'un signe matériel.

J'espérais qu'il se passerait quelque chose dans ce lieu si spécial, au moins que me reviendrait cette sensation étrange

et inexplicable de bien-être qui m'avait envahi quelques années auparavant à un moment particulier de ma vie, quand
je m'étais recueilli en prière à cet endroit.

Mais, une fois sorti de là, je me suis aperçu que rien ne
s'était produit en moi. Alors, avec un sentiment d'angoisse
alimenté peut-être aussi par cette attente déçue, je me suis
dirigé vers la sortie et j'ai prié pour qu'au moins ce senti-
ment-là me quittât.

Nous sommes descendus du chœur et nous sommes sortis
par la sacristie de la grande église. J'ai alors immédiatement
senti un très doux parfum de fleurs. En un premier temps, je
n'ai pas accordé d'importance à ce fait, mais je me suis
tourné et j'ai vu ma sœur qui reniflait plusieurs objets posés
sur les tables de la sacristie.

Je lui ai demandé ce qu'elle faisait et elle m'a répondu
qu'elle sentait une odeur de fleurs. Je lui ai fait remarquer
qu'il s'agissait peut-être d'un déodorant. Maria confirma
qu'elle sentait le parfum, mais une sacristine et Nicola ne
sentaient rien. La sacristine me confirma qu'aucun déodorant
n'avait été utilisé.

Inutile de vous dire la signification que j'ai donnée à cela:
j'ai pensé qu'il nous avait peut-être exaucés, qu'il nous avait
donné le signe de sa présence à nos côtés.

Je crois que ce même soir l'enfant passa une scanographie
parce que, d'après ce que j'ai pu comprendre, il y avait eu une
réponse pupillaire asymétrique qui laissait penser que quelque chose n'allait pas. De fait, la scanographie fut faite le soir,
à une heure tout à fait insolite: le résultat, vous le connaissez!

Ces premiers jours, nos seules sources de nouvelles directes
étaient Antonio et son ami Giuseppe, le neurochirurgien.

Plus d'une fois je leur ai demandé ce que disait le médecin
chef du service de réanimation, mais ils me répondaient, à
ma grande stupeur, qu'il ne se prononçait pas. Il conseillait
simplement à Antonio de s'en aller et de se reposer, car tout
cela prendrait beaucoup de temps.

Antonio n'a jamais cessé de lire des fables à Matteo, dans
l'espoir que, même dans le coma, il pût les écouter; il les lisait

d'ailleurs aussi à Francesco, un autre enfant qui était en réanimation.

Un matin, je me souviens qu'il neigeait, ma sœur m'a demandé de l'accompagner dans les différents couvents de sœurs qui se trouvent à San Giovanni Rotondo pour demander des prières pour Matteo, ce qu'elle faisait avec tous ceux qu'elle rencontrait ou qui lui téléphonaient, convaincue de la force de celles-ci. Elle m'avait fait lire un passage de la correspondance de Padre Pio, qui disait que, grâce aux prières, il avait été possible d'arracher une de ses filles spirituelles aux griffes de la mort.

Je dois admettre qu'en cette occasion je me suis senti, malgré ma foi, un peu stupide; aujourd'hui nous sommes habitués à demander d'autres choses, beaucoup plus matérielles, aux gens qui nous sont proches.

En tout cas, une véritable chaîne s'est mise en place à cette occasion: tous ceux que nous connaissions demandaient à leurs amis de faire une prière pour Matteo.

Une prière que nous avons faite tous les soirs, ma femme et moi, a été le chapelet que Padre Pio récitait pour les malades et la prière pour la canonisation du bienheureux Père, demandant ainsi, comme le dit la prière, la grâce pour Matteo.

Nous avons prié souvent ensemble, forts d'une phrase du Seigneur qui dit que partout où plus d'une personne priera en son nom il sera là.

Durant cette période, en particulier, nous avons été poussés par ma sœur à nous confesser fréquemment et à participer à l'Eucharistie car, comme l'enseigne notre religion, à ce moment-là nous sommes plus proches de Dieu.

Quand on nous a dit que l'enfant avait ouvert les yeux, ma femme et moi sommes tout de suite allés acheter un jouet pour Matteo, convaincus que tôt ou tard il aurait joué avec.

Au moment où j'ai vu l'enfant en réanimation pour la première fois, hélas il pleurait, mais j'étais heureux comme si je voyais pleurer un nouveau-né.

Au bout de quelques jours, j'ai commencé à remplacer Antonio en réanimation, en alternance avec Nicola. A cette occasion, j'ai remarqué la stupeur des personnels médicaux et paramédicaux quand ils venaient voir l'enfant et qu'ils le trouvaient éveillé; ils étaient encore plus étonnés du fait qu'il les comprenait, répondant à leur bonjour et à leurs questions du bout des lèvres (il ne pouvait pas encore parler à cause de la trachéotomie).

Ils venaient, incrédules, au chevet de Matteo: «Tu as vu Matteo?», s'exclamait un infirmier à un autre. Le docteur Del Gaudio entra aussi, s'assit à ses côtés et, le regardant avec des yeux qui exprimaient la stupeur, déclara: «C'est incroyable.» Il appela aussi une doctoresse et dit: «Tu as vu... Matteo?». Puis il posa des questions à l'enfant et je le vis en train de soulever le drap et de regarder ces énormes croûtes tout en répétant: «Incroyable.» Je me souviens que ce geste me dérangea car l'enfant avait honte.

Un autre infirmier s'approcha en me disant: «Mais vous vous rendez compte? Il est éveillé.» Je lui fis signe que oui et lui: «Matteo, tu te souviens de moi?». Matteo répondit tranquillement que non.

A cette occasion, le docteur Del Gaudio a raconté que le soir où il avait injecté cinq ampoules d'adrénaline à Matteo, soulignant que pour un adulte, d'ordinaire, on n'en utilise qu'une, il avait dit: «Padre Pio, tu dois nous aider.» Il m'a confirmé qu'il avait ensuite été étonné que l'enfant n'ait pas réagi à la surdose.

Ces matins-là, Angela, l'infirmière, toujours très douce et disponible à répondre aux requêtes de l'enfant, a raconté à la maman, en ma présence, que quand l'enfant avait eu cette crise, quelqu'un avait dit qu'il n'y avait plus rien à faire, que l'enfant devait être «préparé». Alors l'un d'entre eux avait demandé: «Qui le dit à son papa? Le docteur attend dehors.»

Le médecin chef du service était parti avant le réveil de l'enfant. A son retour, quand Matteo était désormais hors du coma et parfaitement lucide, deux médecins décidèrent de lui faire une farce avec l'enfant. Ils demandèrent à Matteo d'accueillir le médecin chef dans le box en lui disant: «*Ciao Paolo*», mimé par la main qui, soulevée à l'aide de l'avant-bras, devait tourner à droite et à gauche en signe de pied de nez.

Un matin, un des premiers que je passais avec l'enfant, Matteo voulut me raconter un rêve. Il me dit: «Tonton, j'ai guéri un enfant.» J'eus beaucoup de mal à comprendre le mot «guéri», si étrange que je lui ai demandé d'essayer de me l'écrire et, bien que tout tremblant, il écrivit le mot «guéri».

Je lui ai demandé: «Qu'est-ce que tu as fait?».

«J'ai guéri un enfant.»

Et moi: «Comment tu as fait?».

Il me dit que l'enfant avait les mains jointes sur sa poitrine et les yeux fermés. Il s'en était approché, l'avait touché et l'enfant s'était réveillé, recommençant à bouger ses mains. Je lui ai demandé s'il était avec quelqu'un. Il acquiesça d'un signe de tête, mais comme il s'était déjà beaucoup fatigué pour arriver jusque-là, j'ai eu du mal à comprendre ce qu'il disait du bout des lèvres. Il en était un peu déçu. Je lui ai dit de ne pas s'en faire et que nous en reparlerions le lendemain.

Nous étions toujours en réanimation quand arriva le docteur Mione, que je connaissais déjà de vue car il habite dans l'immeuble de ma belle-mère, et c'est lui qui donna les premières nouvelles à ma femme qui, ces jours-là, était à Manfredonia chez sa mère.

De fait, les premiers jours où l'enfant avait été hospitalisé, ma femme m'avait appelé en larmes car, rentrant de l'hôpital, le docteur, poussé par ses questions pressantes, avait dit qu'il y avait peut-être une ou deux chances sur mille pour que l'enfant puisse s'en sortir.

En tout cas, quand le docteur entra dans le box, ma sœur et moi avons veillé l'enfant à tour de rôle; elle a demandé à Matteo s'il pouvait lui raconter le rêve en question et l'enfant accepta. A la fin du récit, le docteur dit: «Tu sais, Matteo, nous aussi nous pensons que Padre Pio était ici!»

Par la suite, un infirmier enseigna à Matteo, pour lui remonter le moral, à faire gicler de l'eau avec une grosse seringue. L'enfant pouvait à peine bouger les mains et les lèvres, mais cela l'amusa beaucoup. Comme c'était la période du carnaval, j'ai décidé d'aller acheter des farces et attrapes avec ma femme et je les ai apportées à l'enfant: ce fut l'occasion de rires, même pour la religieuse du service et pour le médecin chef.

Une autre chose qui me frappa fut d'entendre dire que le retrait de l'appareil de respiration allait pouvoir être accéléré car les poumons de l'enfant réagissaient bien. Matteo restait déjà pendant des périodes plus longues que prévues sans appareil de respiration.

Dès que l'enfant parvint à mieux bouger les mains, il demanda à pouvoir jouer à la *Play-Station* et cela lui fut accordé, à la plus grande joie de l'enfant. Je me souviens qu'à ce propos le docteur Pagano déclara que Matteo avait sûrement battu un record: il était le seul patient d'une réanimation qu'il ait vu jouer!

Pendant ce temps l'état de l'enfant s'améliorait et, un matin, un ami neurologue vint le trouver; il ne parvint pas à contenir sa joie et sa stupeur. De fait, à cette occasion, il lui fit des tests «extra» de type neurologique, auxquels l'enfant répondit très bien. Il me dit: «Qui l'aurait cru?». Et quand je lui demandai si l'enfant recommencerait à marcher, il me dit que de façon inexplicable aucune lésion aux jambes ne laissait penser à une hypothèse négative.

Je voudrais enfin raconter une autre étrange coïncidence. Durant la période où l'enfant était en réanimation, je suis allé avec ma femme me confesser à un frère dans la grande église de San Giovanni Rotondo. Pendant que nous parlions précisément de Matteo et des prières requises à Padre Pio pour lui, je fus envahi, pour la seconde et dernière fois jusqu'à aujourd'hui, par un fort parfum de roses. Je n'en dis rien au frère car, cette fois, en un premier temps, je pensais qu'il s'agissait d'un parfum du confessionnal. Mais, une fois sorti de l'église, j'ai demandé à ma femme, qui avait été dans le même confessionnal avant moi, si elle avait senti le parfum de roses. Elle me dit que non.

Récit de Nicola Ippolito

En fin d'après-midi, le jeudi 20 janvier 2000, j'ai téléphoné à ma sœur pour connaître les conditions de Matteo, car ma mère m'avait fait savoir que l'enfant avait une forte fièvre. Elle m'a confirmé que la fièvre restait élevée et qu'aucun médicament ne semblait faire effet.

Quelques heures plus tard, j'ai également parlé au téléphone avec mon beau-frère qui m'a appris l'apparition de taches cutanées et l'hospitalisation imminente de l'enfant.

Je suis rapidement descendu de chez moi pour prendre ma voiture et aller à San Giovanni Rotondo.

Je n'ai pas eu le temps de démarrer que déjà j'ai reçu un appel de ma sœur sur mon téléphone portable; elle était en larmes et me dit que l'enfant allait très mal.

En un peu moins d'une demi-heure, j'ai reçu au moins deux autres coups de téléphone de ma sœur, qui me répétait toujours la même phrase en pleurant.

Je suis arrivé, haletant, à l'hôpital avant 22 heures et je me suis rendu compte que la situation était épouvantablement grave, car je vis la mère de l'enfant désespérée.

J'ai accouru dans la petite pièce d'isolement pédiatrique où plusieurs médecins étaient en train d'ausculter mon neveu.

Ses hurlements, ses plaintes, et surtout les taches qui recouvraient totalement son corps me frappèrent.

Je lus un sentiment de profonde préoccupation sur le visage de mon beau-frère et je l'écoutai dire à Matteo que j'étais là avec lui.

Bien qu'il répondît aux questions avec une certaine lucidité, l'enfant ne parvenait pas à m'identifier et je n'oublierai jamais ce regard, ses yeux verts grands ouverts mais éteints, perdus dans le vide.

Au moment où les médecins comprirent qu'il pouvait s'agir d'une méningite compliquée d'une coagulation intra-vasculaire disséminée, ils décidèrent de l'admettre en réanimation pour que le patient puisse bénéficier d'une assistance plus spécifique. Pendant ce temps les taches ne cessaient d'augmenter et de s'accroître à vue d'œil.

Nous avons passé la nuit dans l'attente d'un signe d'espérance, en pleurant et en priant.

J'ai recommencé à prier cette nuit-là, après bien des années d'éloignement; dans cette circonstance, je me suis rapproché de Dieu et je l'ai invoqué, nous avons invoqué Padre Pio afin qu'il intercède pour Matteo.

Les nouvelles qui se succédaient étaient toujours plus préoccupantes. Matteo avait été intubé, car il avait des difficultés à respirer tout seul et il était inconscient, maintenu dans un coma pharmacologique, tandis que la piqûre lombaire faisait apparaître un liquor franchement purulent.

Pendant la matinée du vendredi 21, plusieurs communications finirent de dissiper mes moindres espoirs: l'enfant, qui souffrait déjà d'un œdème important, avait fait un arrêt cardiaque que les réanimateurs cherchaient à lui faire surmonter. On m'annonça une anoxie prolongée et, hélas, j'étais convaincu qu'il n'y avait plus rien à faire.

Mon désespoir était total.

Ma foi retrouvée me soutenait.

Je priais, je priais comme jamais auparavant et je demandais à Padre Pio d'intervenir, en lui disant: «Comment peux-tu permettre que meure une créature innocente, sans l'aider, ici, dans ton hôpital?».

A ce moment-là mon frère arriva lui aussi et, ne réussissant pas à parler, nous ne pûmes rien faire d'autre que nous embrasser et pleurer sur l'épaule l'un de l'autre.

Il est inutile de souligner que les jours suivants furent ravageurs.

Nous comptions les minutes, les secondes qui passaient, en cherchant à donner corps à nos espoirs.

Les nouvelles qui nous parvenaient étaient toujours plus négatives: les examens hématochimiques montraient des altérations des plaquettes sanguines, du nombre de leucocytes et des paramètres de la coagulation; les radiogrammes du thorax mettaient en évidence un syndrome de distress respiratoire, tandis que son petit cœur avait recommencé à battre de façon arythmique.

Les seuls moments de sérénité relative, nous les vivions le soir quand, avec ma fiancée et ma sœur, nous allions prier sur la tombe de Padre Pio.

Je me suis confié à lui comme au dernier rempart au-delà duquel je ne voyais plus que le désespoir.

Pendant ce temps les heures s'écoulaient lentement et l'enfant était maintenu dans un état de coma pharmacologique, grâce à des injections de morphine et de curare.

Je voulus le voir, même derrière la vitre. Cette vision fut pour moi à la fois terrible et éclairante.

Matteo était immobile, comme un objet inanimé, mais les deux grandes taches qu'il avait sur le menton et sur le front avaient totalement disparu, comme si une main charitable avait voulu effacer l'empreinte de la souffrance sur son visage.

J'éprouvai une sensation indescriptible: à ce moment-là l'espérance que Matteo guérirait se renforça en moi. Je compris que l'enfant n'était pas seul et que mes, nos prières étaient écoutées.

Les jours suivants virent s'intensifier les larmes et les prières adressées à Padre Pio par une multitude de personnes que nous avons impliquées.

Nous avons demandé à nos amis, aux membres de nos familles et même à des inconnus de prier, d'invoquer l'aide du frère aux stigmates, et c'est ce qui advint.

Des groupes de prière se réunirent non seulement à San Giovanni Rotondo, mais aussi dans le reste de l'Italie et même à l'étranger.

Avant ces tristes journées, ma foi avait d'abord vacillé, puis elle avait chuté et c'est précisément dans la souffrance qu'elle avait repris force et vigueur.

Nous avons vécu un autre moment fondamental une semaine environ après l'hospitalisation.

Un soir, on nous annonça que l'enfant allait être soumis à une scanographie axiale crânienne pour quantifier les lésions provoquées par la CID.

Mon beau-frère et moi attendions les résultats avec anxiété et avec une préoccupation indescriptibles.

Quand le neurochirurgien entra dans le service, tenant en main les résultats et annonçant que les radiogrammes étaient «propres», nous avons compris que Matteo pouvait s'en sortir.

La scanographie ne montrait pas d'œdème cérébral et moins encore de pétéchies.

Aucun d'entre nous ne s'attendait à cela, surtout à la vue de la peau de l'enfant entièrement recouverte de taches. En science et en conscience, en tant que médecin, je déclare que cette scanographie complètement saine fut et demeure pour moi absolument inexplicable.

Si Matteo avait eu en lui ne serait-ce qu'un dixième des lésions qui apparaissaient à l'extérieur, son état aurait été irrécupérable; en revanche son système nerveux central était intact.

Le moment du réveil fut une émotion splendide. Il bougea les lèvres et, avec lui, nous avons tous repris vie, nous qui étions autour de lui. Quelque temps après, l'enfant, bien que ne pouvant pas parler à cause de la trachéotomie, nous raconta, en bougeant les lèvres, qu'un vieil homme, portant la barbe et vêtu de marron, lui avait tenu compagnie en le tenant par la main et en lui disant qu'il allait guérir bien vite.

Les émotions que j'ai vécues sont indescriptibles; un torrent de paroles en crue ne pourrait les représenter.

Les reliques de Padre Pio tenaient compagnie à Matteo sur son petit lit d'hôpital; l'une, en particulier, était toujours dans la main de mon neveu et il la serrait fortement, non pas comme une simple icône, mais comme s'il avait tenu la main du frère de Pietralcina.

Malgré son énorme souffrance, l'enfant respirait une sérénité intérieure étonnante, qui transparaissait clairement et qui renforçait notre joie, à nous qui étions autour de lui, bien conscients que Matteo était en très douce compagnie.

Voir Matteo sourire, jouer avec les jeux vidéo, manger et bouger, après des nuits et des jours de souffrance et de prière, a constitué un très beau cadeau que Dieu nous a fait grâce à l'intercession de Padre Pio.

C'est mon opinion, gravée dans mon cœur, dans mon esprit, dans mon âme de manière indélébile.

J'ai retrouvé ma foi et la ferme conscience que je ne suis pas seul sur le chemin; je peux dire avec une absolue certitude que ma conversion représente, pour moi, un autre miracle de Padre Pio.

Aujourd'hui Matteo est retourné à l'école, il a recommencé à vivre, et moi je ne remercierai jamais assez celui qui a permis tout cela.

Extraits du dossier médical du docteur Pietro Violi

... à 9 heures, les conditions cliniques sont désespérées; anoxie, cyanose généralisée, malgré la respiration mécanique assistée, il y a une désaturation <30%, l'infirmière présente précise 18%; œdème pulmonaire aigu; tension artérielle impossible à mesurer en raison d'un choc septique; tout le corps est couvert de pétéchies dues au CID; de la tachycardie, il est passé à la bradycardie extrême à cause d'une grave insuffisance cardiaque; il ne répond pas aux diurétiques à cause d'un manque de perfusion rénale, ce qui provoque: insuffisance rénale aiguë. Tout fait penser qu'il s'agit du syndrome de Waterhouse-Friderichsen.

Cette situation désespérée avec ces paramètres se prolonge pendant plus d'une heure...

... La situation clinique dévastatrice qui a frappé le petit patient Matteo Colella se retrouve dans la méningite fulgurante évoluant en Multiple Organ Failure (MOFS) + Acute Respiratory Distress Syndrome (ARDS)...

La MOFS chez le patient examiné a touché de nouveaux organes...

Il me semble opportun de rappeler que la littérature internationale, dont je joins une copie, s'arrête, pour le pourcentage de mortalité à cinq organes touchés, car tout de suite après, c'est-à-dire à partir de six organes, aucun patient n'a survécu, la mortalité étant alors de 100%.

Les patients atteints de MOFS avec trois organes touchés et qui parviennent à surmonter cette grave situation clinique sont considérés comme des survivants et ont une reprise très lente, mais vraiment très lente. Ces patients ne se réveillent certainement pas, comme ce fut le cas pour Matteo, en seulement dix jours et en demandant à manger une glace au Coca Cola ou de jouer à la *Play-Station*, tout en étant atteint, je le répète, de méningite fulgurante + MOFS ayant touché neuf organes et ARDS.

... Le syndrome d'insuffisance multi-organique représente un désordre systémique caractérisé par une altération globale de la régulation du système immunitaire, par un dysfonctionnement endothélial généralisé et par un hypermétabolisme auquel fait suite un grave dysfonctionnement d'organe multiple, apparaissant par la suite ou simultanément.

Les pourcentages relatifs à la mortalité dépendent du nombre d'organes intéressés, varient de 50% à 85%, quand il n'y a pas plus de cinq organes touchés et atteignent 100% quand plus de cinq organes sont touchés...

... Dans notre cas spécifique la MOFS comporte une genèse primitivement septique; l'impulsion donnée par le début d'infection générale et le choc septique est représentée par le nid d'infection mis en évidence: méningococcémie fulgurante, sous une des formes les plus graves et à diagnostic funeste, 100% de mortalité quand plus de cinq organes sont touchés; dans notre cas, je le répète, neuf organes sont touchés:

1) Système nerveux

2) Appareil respiratoire

3) Appareil cardiovasculaire

4) Reins

5) Foie

6) Sang et système de coagulation

7) Glandes surrénales

8) Appareil gastro-intestinal

9) Peau.

Voici la liste numérique et nominale des organes touchés simultanément par une insuffisance. Nous sommes encore plus surpris, j'oserais dire incrédules, face à cette guérison extraordinaire.

La seule chose qui puisse nous surprendre encore davantage est ces rares cicatrices hypertrophiques...

... L'enfant est sorti guéri de l'hôpital le 26 février 2000. Un mois plus tard, il a repris ses activités scolaires avec d'excellents résultats.

Extraits du témoignage
du docteur Paolo De Vivo

La maladie dont était affecté l'enfant était une infection générale du type d'une méningite compliquée par un déficit cardio circulatoire, insuffisance respiratoire, coagulopathie de consommation, insuffisance rénale oligo-anurique, guéri sans aucune séquelle.

... En l'espace d'environ huit-dix jours les aspects les plus préoccupants de ce cas *quoad vitam* se sont manifestés. La stabilisation ultérieure a eu lieu dans les dix jours suivants.

... A mon arrivée dans le service, dans la matinée du 21 janvier 2000, j'ai été mis au courant de la situation par mes collaborateurs et, après avoir évalué les conditions respiratoires du patient, j'ai donné des dispositions pour que celui-ci soit intubé et relié à un ventilateur mécanique. Après plusieurs dizaines de minutes, un grave malaise cardio-vasculaire s'est produit, avec bradycardie extrême, faisant craindre un imminent arrêt cardiaque.

Toutes les mesures ont été prises pour affronter cette éventualité et des doses de catécholamines, en excédent par rapport aux doses prescrites, ont été administrées. Entre-temps la grave souffrance rénale était évidente, ainsi que la grave altération de la coagulation du sang. Pour ces dernières fonctions, des thérapies de soutien ont été mises en place, avec de fortes doses de diurétiques, plasma, dérivés du plasma et amines sympathicomimétiques.

A ce moment-là, j'étais convaincu de l'impossibilité de réussir à sauver sa vie ou du moins convaincu que même si nous étions parvenus à la sauver il serait resté de graves dommages cérébraux et rénaux...

... Je me souviens qu'au deuxième jour, une condition d'œdème pulmonaire aigu est apparue. C'était une condition d'une telle violence que cela rendait difficile le diagnostic entre œdème pulmonaire aigu et hémorragie aiguë des voies respiratoires. Cet état ne se résolut qu'après des heures de ventilation avec des tensions positives tellement élevées qu'elles faisaient craindre des dommages irréparables au parenchyme pulmonaire.

Une autre crise d'œdème pulmonaire aigu eut lieu, avec les mêmes caractéristiques, bien que de moindre durée, deux jours plus tard. Ces épisodes de faiblesse cardiaque, les dimensions cardiaques telles que les révélaient les radiogrammes, la nécessité d'un soutien circulatoire avec des doses très élevées d'adrénaline et de noradrénaline (doses que je qualifierais de très fortes même pour un adulte) me laissaient présager avec certitude une mort cardiaque imminente ou, en tout cas, une grave cardiopathie si l'enfant avait survécu.

Un autre moment critique est survenu, je crois, le quatrième jour, avec l'évidence clinique et radiologique (telle qu'on le craignait) d'un syndrome de déficit respiratoire. Cette complication fut également surmontée avec les thérapies de ce cas, sans laisser par la suite aucune trace.

La rapidité avec laquelle l'enfant a totalement récupéré constitue à mon avis un élément de réflexion.

... Nous n'avons jamais renoncé aux manœuvres de réanimation, même si, personnellement, à maintes reprises, j'ai pensé que le décès pouvait survenir d'un moment à l'autre. J'ai dû reconnaître et j'ai manifesté à haute voix à mes collaborateurs, à plusieurs occasions, que je n'estimais pas possible une résolution positive de ce cas.

Je me souviens aussi qu'à cette occasion, comme à tous les moments de nécessité d'aide désespérée, j'ai pensé à Padre Pio et je l'ai prié d'intervenir.

J'ajoute que dans ce cas spécifique, des circonstances favorables ont été réunies, indépendamment de notre volonté.

J'affirme que scientifiquement des explications sont possibles pour chacun des multiples aspects du cadre clinique, si l'analyse est faite de manière sectorielle.

Mais l'ensemble m'apparaît extraordinaire, ainsi que la somme de tant d'événements qui se sont révélés positifs.

Rapport de l'infirmière
Angela Frattaruolo

Le 21 janvier 2000, à 7 heures du matin, je me suis rendue dans le service pour commencer mon travail.

Mon collègue me vit au fond du couloir, me rejoignit en m'apportant une blouse verte et un masque en me disant: «Angela, enfile tout de suite cette blouse et ce masque et va vite au box D, il y a une situation désespérée, un enfant atteint de méningite méningococcique, avec CID disséminée».

Je fis rapidement ce que le collègue m'avait dit: je suis allée au box D et j'ai vu cet enfant qui pleurait, épouvanté.

Je me suis approché et j'ai remarqué que son corps était couvert de pétéchies, qui se répandaient comme des tâches d'huile.

Emue, je lui pris la main.

Tentant de le tranquilliser, je lui dis: «Matteo, n'aie pas peur, nous sommes près de toi, nous n'allons pas te laisser, tu vas voir que tu iras mieux très bientôt.»

Matteo me dit en pleurant: «Laisse-moi! Laisse-moi!»

Mais j'ai continué à le tenir.

Une fois le médecin entré dans le box, il nous fit tout préparer pour l'intubation endotrachéale et pour la piqûre lombaire. Tout procédait bien, et une fois la piqûre lombaire terminée nous avons mis l'enfant sur le dos et l'avons bien préparé.

Tout à coup, l'enfant devint cyanotique, en phase de désaturation, souffrant de bradycardie, «il pourrait faire un arrêt cardio vasculaire»; le docteur: «Eh, l'enfant ne respire plus»; tout de suite nous prîmes le va-et-vient et le docteur commença à ventiler l'enfant à la main, «fréquence cardiaque 23, saturation 18»; l'enfant devint toujours plus cyanotique et ne parvenait pas à se reprendre; du tube endotrachéal sortait de l'écume rosée: «Œdème pulmonaire».

Il n'y avait aucun signe de reprise.

Nous étions tous désespérés, les yeux rougis par les larmes.

Le docteur: «Bon, il ne se reprend pas, il n'y a plus rien à faire.»

Après plusieurs manœuvres de réanimation répétées, il n'y avait toujours aucun signe de reprise. Désespéré et sachant que le cas clinique était grave, «pronostic mortel», le docteur laissa tout, ôta ses gants et alla dans la salle de bains pour se laver les mains.

La doctoresse qui était présente, désespérée, alla elle aussi dans la salle de bains pour se laver les mains. Une fois sortis, ils s'assirent quelques instants près du lit du petit moribond, muets.

La doctoresse dit à son collègue: «Freddy, ce n'est pas possible, faisons quelque chose.»

Pendant un instant, le docteur Del Gaudio, désolé, resta en silence: «Bon, faisons tout ce qu'il faut faire; préparer l'adrénaline.» Ma collègue et moi avons préparé cinq ampoules d'adrénaline. Ma collègue est entrée dans le box de l'enfant, s'est approchée, a pris rapidement l'appareil qui était lié à la veine centrale et a injecté le médicament. Il y eut alors une reprise de l'activité cardiaque, une augmentation de la saturation d'O_2 et une reprise de la respiration. Nous avons ensuite procédé à la thérapie conséquente.

Quand les médecins apprirent ce qui s'était produit, ils n'en croyaient pas leurs yeux. Les commentaires étaient: «Ça alors, c'est un miracle.» Nous avons tous prié pour Matteo, il nous a touchés de façon particulière, car il y a sûrement eu une force d'amour, de lumière dans les cœurs de chacun.

L'enfant est resté dix jours dans de graves conditions, puis, jour après jour, il y eut de petites améliorations, jusqu'à la guérison totale et à la disparition des pétéchies.

Rapport de l'infirmière
Anna Raffaella Clemente

Je travaille dans le service de réanimation depuis huit ans et j'ai dû faire face à de nombreux cas et à bien des difficultés. Mais à coup sûr le cas du petit Matteo Colella demeure, au moins pour moi, celui qui m'a le plus frappé.

Le 21 janvier 2000 au matin, j'ai été assignée au travail dans la grande salle, une pièce du service avec cinq lits. A peine arrivée, j'ai appris la nouvelle d'une nouvelle admission survenue durant la nuit.

Les collègues qui finissaient leur tour de garde m'ont avertie en disant: «Faites très attention, c'est une méningite suspecte.» Poussée par la curiosité, avant d'entrer dans ma section, j'ai décidé d'aller voir le nouveau patient qui était dans un des box de la zone centrale du service. Je me suis arrêtée devant la porte du box, la vue de ce visage si souffrant, de ce petit corps couvert de taches rouges et la peur de la contagion me firent faire marche arrière.

Je suis allée dans ma section et le médecin chef arriva tout de suite après, suivi d'autres médecins; ils se dirigèrent tous vers le box du petit patient. Cela remuait beaucoup et je suis à nouveau allée voir ce qui se passait. C'était incroyable, les taches qui couvraient le corps de Matteo s'étaient multipliées et augmentaient à vue d'œil. Entre-temps les premiers résultats des examens exécutés sur le patient arrivèrent et confirmaient le diagnostic suspect: méningite méningococcique.

J'étais effrayée, surtout quand j'ai entendu le médecin chef dire qu'il n'avait entendu parler de cas comme celui du petit Matteo que dans les livres.

J'allais de nouveau m'éloigner quand ma collègue Angela sortit du box et me dit: «Raffaella, s'il te plaît, reste ici avec moi, j'ai besoin d'aide.» J'ai alors enfilé ma blouse et je suis entrée dans le box. Les conditions de l'enfant empiraient et, bien que relié à une source d'oxygène, il ne parvenait pas à atteindre un niveau optimal de saturation.

Le médecin chef décida alors de l'intuber. Du tube trachéal sortait une écume mêlée de sang: l'enfant était en état d'œdème pulmonaire. On poursuivit les manœuvres de réanimation, mais l'on n'obtint aucune réponse positive. La saturation continuait à descendre, ainsi que la fréquence cardiaque; il était impossible de mesurer la tension artérielle. Je regardai le visage du médecin chef et j'eus l'impression qu'il se sentait impuissant face à une situation qui devenait incontrôlable. Un peu plus tard, presque défait, il sortit du box et s'éloigna. Le docteur Del Gaudio s'apprêtait à faire la même chose, mais la doctoresse Salvatore l'arrêta et lui dit: «Allez, Freddy, faisons une dernière tentative, fais comme si c'était ton fils.»

Comme bouleversé par ces mots, nous nous regardions tous. Le docteur Del Gaudio retourna au chevet de l'enfant. «Allez, dit-il, faisons une dernière tentative.» A ce moment-là ma pensée se tourna vers Padre Pio et je lui dis: «Padre Pio, aide-nous.» Puis j'entendis le docteur Del Gaudio m'appeler et me dire: «Prépare cinq ampoules d'adrénaline dans une seringue.» Avant de les préparer, j'ai regardé par la fenêtre qui donne sur la grande place et, regardant l'église, je dis encore une fois: «Padre Pio, sauve le petit Matteo.» J'ai ensuite préparé le tout et je me suis approchée du patient pour lui administrer par voie veineuse.

Le docteur Del Gaudio m'arrêta alors et me dit: «Tu lui as tout administré?».

Et moi: «Oui, pourquoi, il ne fallait pas?».

«Non, je t'avais seulement demandé de les préparer, je voulais les lui administrer petit à petit.»

J'étais mortifiée, comment avais-je osé administrer ce remède sans la permission du médecin?

Tout à coup, la fréquence cardiaque commença à augmenter jusqu'à se stabiliser. La tension artérielle commençait à donner des premiers signes, tout en demeurant encore basse. Me voyant si mortifiée, le docteur Del Gaudio me rassura en me disant: «Ne t'en fais pas, c'était probablement la bonne dose dont il avait besoin.»

Les paramètres cardiocirculaires et respiratoires de l'enfant se stabilisaient peu à peu et, finalement, le climat de tension qui s'était créé autour de l'enfant commença à se détendre.

Peu après, j'ai parlé de ce cas avec le docteur Del Gaudio et il m'avoua que lui aussi, en colère, avait pensé: «Mais, Padre Pio tu pourrais nous donner un coup de main.»

Les soins de l'enfant se poursuivirent et, jour après jour, on commença à assister à une amélioration progressive. Nous craignions que la maladie pût avoir lésé divers organes (cœur, cerveau, reins), mais tous les examens donnèrent des résultats négatifs. Le petit Matteo sortit du service de réanimation en état de guérison totale.

Extrait du témoignage et du rapport du docteur Alessandro Vilella, expert médical «ab inspectione»

Le diagnostic contenu dans le dossier médical est très grave pour déterminer des pronostics, aussi bien *quoad vitam* avec une évolution fréquemment vers un danger mortel, que *quoad valetudinem* à cause de l'incidence très élevée de graves problèmes neurologiques, endocrinologiques, rénaux et cardio-vasculaires.

... L'examen du dossier médical révèle que les conditions du petit Matteo étaient extrêmement graves et, au vu de celles-ci, les médecins soignants ont dû pratiquer des thérapies à forts dosages pharmaceutiques, nettement supérieurs à ceux qui sont ordinairement pratiqués en faveur de sujets du même âge...

... Globalement, je dois reconnaître que le traitement dispensé à un mineur a été sûrement adéquat et approprié. Toutefois, je dois aussi reconnaître que, dans la suite d'événements cliniques, il existe des ombres du point de vue de la compréhension médico-scientifique, en ce sens que je ne suis pas en mesure d'expliquer scientifiquement la guérison complète du petit Matteo Colella, sans devoir penser qu'il puisse y avoir eu une intervention surnaturelle.

... Les conditions actuelles de santé du petit Matteo Pio sont bonnes et ne sont affectées par aucune lésion, à l'exception de cicatrices cutanées dues aux manifestations cutanées de la maladie. Les examens hématochimiques... attestent aussi que les valeurs sont dans les limites de la norme... Je réaffirme ma stupeur personnelle pour l'absence totale de séquelles neurologiques, motrices et/ou sensorielles, pour les capacités normales de cognition et d'expression, et pour l'absence de lésions des autres appareils touchés par le processus de maladie.

Extraits du jugement du professeur Giovanni Rocchi, médecin légal, expert «ex officio» de la Consulte médicale

Les premières données qui ressortent du dossier médical montraient une condition de tachycardie sinusale à l'ECG (120 pulsations par minute) associée à une condition fébrile élevée (plus de 40° C), à une hypoglycémie avec une légère acidose métabolique... il existait déjà une piastrinopénie, une altération du fibrinogène et des produits de la dégradation de celui-ci (D-dimères) comme on en rencontre dans les cas de CID, la créatininémie et la bilirubine avaient augmenté...

L'ensemble de ces données laissait présager le développement d'une condition d'insuffisance fonctionnelle multi-organique (MOFS).

... Dès son entrée en thérapie intensive le patient a été mis sous calmant, assisté dans sa respiration et traité avec des médicaments visant à contraster la CID et la MOFS...

A dix heures du matin, un œdème pulmonaire est apparu et du sang fut aspiré de la cavité pharyngienne; malgré la ventilation assistée, la saturation d'oxygène descendit et atteignit des valeurs critiques de désaturation.

Les conditions cliniques du patient continuèrent à se détériorer... Les médecins procédèrent alors à un massage cardiaque externe... sans obtenir de réponses cliniques significatives: une cyanose très marquée persistait, les suffusions hémorragiques étaient répandues sur toute la superficie du corps et une mydriase bilatérale fut constatée.

La situation clinique d'une si extrême gravité se prolongea pendant environ une heure...

... Le 5 février, le patient était capable de respiration spontanée et ne présentait aucun déficit moteur, apparaissant le 6 février «bien éveillé, orienté et collaborant», capable de dialogue et d'activités ludiques (il jouait à la *Play-Station*). Le 12 février 2000, l'enfant fut transféré de la réanimation en pédiatrie d'où il sortit guéri le 26 février 2000. L'activité scolaire a été reprise avec profit au bout d'environ un mois. Par la suite, soumis à une visite médicale par deux experts «ab inspectione» l'enfant a été déclaré par tous les deux en bonnes conditions de santé, non affecté par des séquelles, et en particulier exempt de déficits neurologiques, moteurs ou sensitifs et en possession de capacités cognitives normales.

Considérations d'expert

... Dans le cas du petit Matteo Colella, il semble évident que toutes les manifestations les plus graves de l'infection méningococcique suivant un cours septique, associées à une évolution à pronostic négatif, se soient manifestées.

... La possibilité que les soins appliqués au centre de thérapie intensive d'une façon généreuse et rationnelle puissent avoir eu un rôle résolutif dans le très grave état décrit ci-dessus apparaît vraiment faible... compte tenu de la coexistence des autres complications majeures faisant craindre un pronostic malheureux.

Jugement médico-légal
du professeur Francesco Di Raimondo

— L'affection dont a souffert le petit Matteo Colella peut être classifiée, comme l'indique le dossier de sortie d'hôpital, comme «Infection généralisée méningococcique très grave, avec une importante coagulopathie de consommation et liée à un syndrome d'insuffisance multi-organique».

— Le pronostic, séparé pour chacun des deux temps du cadre clinique décrit ci-dessus, doit être considéré comme négatif *«quoad vitam»*, avec prévision d'*«exitus»* à très bref délai.

— La guérison totale de toute la phénoménologie qui s'est manifestée doit être considérée comme un processus progressif et de courte durée, d'abord des signes cliniques et des rapports analytiques relatifs à l'infection généralisée méningococcique, puis des souffrances très graves touchant au moins six secteurs vitaux.

— Le traitement pratiqué, d'excellent niveau qualitatif et quantitatif, est apparu adéquat et tout à fait résolutif pour ce qui est de l'infection généralisée méningococcique de base; au contraire, les mesures pharmacologiques et les interventions instrumentales mises en œuvre pour éviter le décès prévisible du patient, bien qu'étant correctes et d'une efficacité potentielle *«pro tempore»*, ne peuvent être considérées comme l'instrument auquel attribuer une inversion positive de l'ensemble du cadre clinique...

— Compte tenu de ce qui a été signifié aux paragraphes précédents, nous estimons que l'ensemble de la symptomatologie qui s'est manifestée ne peut pas avoir été guéri sur la base des soins pratiqués, mais que cela reste fondamentalement inexplicable sur le plan médical, compte tenu surtout du syndrome avancé et évident d'insuffisance multi-organique: et cela aussi bien en raison d'une action lésionnelle dans l'ensemble que dans la décomposition des dommages à charge de tout appareil et organe touché.

— La guérison a été relativement rapide, totale et persistante, et confirmée au niveau des contrôles cliniques et analytiques effectués dans le temps.

Dans le cas de la lésion cérébrale, mise à jour grâce à une série d'électro-encéphalogrammes, il faut souligner l'apparition immédiate de la conscience éveillée, à la sortie du coma, parfaitement orientée dans le temps et dans l'espace, capable de communications exigeantes par leurs implications émotionnelles et relationnelles, et capable de faire immédiatement savoir qu'une mystérieuse présence amie (le bienheureux Padre Pio?) avait été présente durant l'état de coma: il faut rappeler que le retour à la pleine normalité neuropsychique, surtout de toutes les fonctions dites «supérieures», au moment même de la sortie du coma, n'est pas habituel, qu'il s'agisse d'un coma «naturel» ou d'un état comateux «artificiel», c'est-à-dire provoqué de manière pharmacologique.

... L'auteur de ce rapport estime que l'hypothèse prédominante est celle d'une non-explication «naturelle» du dépassement d'un cadre clinique agonisant, de toute évidence si irréversible et patent que toute l'équipe médicale avait décidé d'interrompre toute thérapie, se rendant à l'évidence de la mort qui allait arriver d'un moment à l'autre. Cette mort était déjà donnée pour acquise face aux réponses non efficaces à la polythérapie parfaitement pratiquée dans l'espoir de ramener à la normalité tous les secteurs anatomiques et cliniques touchés, surtout les secteurs cérébral et cardio-respiratoire.

Evaluation théologique
(Vote I des consulteurs théologiens)

Dans peu de cas autant que dans le cas présent nous avons une telle abondance de preuves claires et convaincantes relatives à un élément aussi important que celui de l'invocation univoque et de la simultanéité chronologique entre invocation et guérison, et donc aussi quant au rapport direct, comme entre cause et effet, entre les deux faits absolument vérifiés, tant sur le plan historique que sur le plan juridique.

En effet, pour la guérison de Matteo Pio Colella, il y eut une véritable croisade de prières, à partir du moment où l'on connut la gravité de la maladie qui avait frappé le petit malade jusqu'à sa parfaite guérison, qui surprit les médecins soignants qui l'avaient donné pour «perdu».

A commencer par les parents du petit, tous deux très dévots de Padre Pio, mais aussi les membres de sa famille, les amis, les religieux, les capucins de San Giovanni Rotondo, ce fut une requête d'aide incessante adressée à Padre Pio pour la guérison de l'enfant.

Avant même de tomber malade, Matteo allait chaque dimanche rendre visite à la tombe de Padre Pio avec ses parents; durant sa maladie, dès qu'il reprit conscience, il le pria, notamment parce que «dans son rêve» (c'est-à-dire l'état de coma) il lui serait apparu et il lui aurait assuré sa guérison.

Son père, le docteur Antonio, affirme que dès la première nuit de l'hospitalisation de son fils, lui et sa femme, avec des amis et de nombreuses autres personnes de San Giovanni Rotondo s'adressèrent à Padre Pio en invoquant son intercession pour la guérison de l'enfant et que les prières furent ininterrompues; ces affirmations ont été confirmées par la mère de Matteo. A cette même fin prièrent aussi les personnes suivantes:

— le docteur Alfredo Del Gaudio, spécialiste en anesthésie et en réanimation;

— M. G. Palladino, infirmier;

— Mme A. R. Clemente, infirmière;

— le docteur Gorgoglione Nicola, pédiatre;

— le chirurgien docteur Ippolito Nicola, oncle maternel de l'enfant, qui déclare: «Nous nous sommes rendus par petits groupes sur la tombe du bienheureux Pio, surtout le soir pour la récitation du chapelet»; il ajoute que l'on pria aussi aux Etats-Unis et pendant tout le temps que dura la maladie de Matteo;

— le docteur Michele Pellegrino, pédiatre;

— Mme Centra Concetta, maîtresse d'école de Matteo qui, une fois devenue veuve, s'était éloignée totalement des pratiques religieuses, mais qui retrouva la foi en cette circonstance et pria pour la guérison de son élève;

— M. Augello Raffaele, infirmier, qui affirme d'abord de façon générale: «Les prières furent adressées à Dieu par l'intercession de Marie et des saints», avant de parler clairement de prières à Padre Pio;

— le docteur De Vivo Paolo, médecin chef du service d'anesthésie et de réanimation II, affirme lui aussi avoir prié Padre Pio pour le petit malade.

Des détails intéressants apparaissent dans la déposition du Père Rinaldo Totano, capucin, responsable des groupes de jeunes. Il accompagna les parents de Matteo dans la cellule de Padre Pio pour prier. Le soir, il conduisait la récitation du chapelet, récité devant la tombe du bienheureux avec les frères et avec les parents de l'enfant; en outre, il invitait à prier toutes les personnes de sa connaissance.

Même quand les rumeurs sur la mort de l'enfant commencèrent à se répandre, ils continuèrent à prier, et les parents de Matteo, après la guérison de leur fils, firent célébrer des messes d'action de grâces à Padre Pio.

Conclusion

Je crois que nous sommes en présence d'éléments plus que suffisants pour conclure en toute certitude morale que la guérison de Matteo Pio Colella, déclarée à l'unanimité scientifiquement inexplicable par la Consulte médicale et survenue en parfaite concomitance chronologique avec les prières ininterrompues que tant de personnes dévotes adressèrent à Padre Pio, doit être attribuée à l'intercession de notre bienheureux, car elle possède toutes les caractéristiques du miracle de troisième degré *quoad modum*.

TROISIÈME PARTIE

Les coïncidences et les rêves

L'expérience du miracle de Matteo a été entourée et enrichie de faits incroyables, avec des coïncidences étranges sur tous les fronts.

Et comme je suis convaincue que les coïncidences qui marquent notre vie — surtout dans des moments particuliers — sont les tesselles d'une mosaïque réalisée par le Seigneur, des signes à remarquer et à comprendre, je veux en raconter quelques-unes.

En outre, les rêves, comme les coïncidences, ont été un étrange fil conducteur de cette affaire particulière.

Les psychologues et les psychiatres donnent des explications scientifiques, organiques et neurologiques aux rêves.

Moi aussi j'ai suivi des cours de médecine, je connais l'existence de mécanismes conscients et inconscients qui régulent le sommeil et donc le rêve, et je suis également consciente que très souvent, en dormant, nous réélaborons des événements et des émotions qui nous concernent.

Mais il existe une partie de moi qui se fie au transcendant et qui veut croire en la force prophétique du rêve.

L'Ancien Testament est rempli de ces références.

L'histoire même de la sainteté de Padre Pio est imprégnée d'épisodes où les rêves étaient révélateurs.

Je veux seulement rappeler ce qu'il m'est arrivé personnellement ou ce que d'autres m'ont raconté, tout en sachant que ceux qui ne croient pas ou qui sont positivistes, souriront (ou peut-être même ricaneront) à la lecture de mon récit.

Je suis et je resterai ainsi, un peu bizarre, amoureuse de la métaphysique, des rêves, de l'amour de Dieu qui s'exprime quand et comme il veut.

«Je suis le Seigneur qui a tout créé, qui seul a étendu les cieux, j'ai fixé la terre: qui était comme moi? J'anéantis les présages des devins et je fais délirer les mages; je fais reculer les savants et rends folle leur science. Je confirme la parole de mon serviteur et je rends fructueux le conseil de mes envoyés» (Isaïe).

Ce qu'il advint en décembre 1999

La poésie de Noël

Comme j'ai l'habitude de le faire à l'occasion de fêtes particulières, religieuses ou non, en décembre 1999, à l'approche de Noël, j'ai écrit quelques lignes pour Matteo, une simple poésie à lui faire apprendre pour recevoir les vœux et les cadeaux de ses grands-parents et oncles. Au bout d'un certain temps, «par hasard», disons, j'ai retrouvé la feuille sur laquelle j'avais écrit cette poésie.

Aujourd'hui ces mots ont pour moi un sens étrange et profond, et pourtant à l'époque je les ai jetés sur le papier sans trop y penser, en trois ou quatre minutes, comme cela m'arrive toujours quand je décide de mettre quelque chose noir sur blanc.

Voici cette poésie:

Je t'attends

Jésus, je t'attends
comme un ami cher.
Viens à moi
donne-moi la main
pour aller loin.
Apporte-moi ton sourire,
nous le donnerons aux enfants seuls.
Apporte-moi ta force,
nous la donnerons à ceux qui ont peur.
Apporte-moi ton courage,
nous le donnerons aux désespérés.
Jésus, je t'attends

comme un frère bien-aimé.
Viens à moi
donne-moi ton grand cœur,
morceau par morceau,
nous le donnerons au monde
pour l'envelopper de douceur
et pour briser la douleur.

Matteo, le jour de Noël, comme en témoigne son cahier et comme je l'ai déjà indiqué dans mon récit, attendait Jésus, Jésus vrai, pour le connaître et le rencontrer.

C'était probablement sa requête qui m'avait induite à écrire ces mots.

Aujourd'hui j'ai des frissons quand je les relis, car je ne pouvais certes pas prévoir que Jésus l'aurait rejoint à travers la souffrance et qu'il lui aurait donné sa force et son courage à communiquer à d'autres souffrants, et qu'ensemble ils auraient brisé la douleur.

Je ne pouvais pas imaginer que Jésus lui aurait donné la main à travers Padre Pio, pour nous le ramener.

Quand sa maîtresse, Concetta, durant l'heure d'italien, lut les mots écrits par l'enfant sur les cadeaux de Noël dans la petite lettre qu'elle avait demandé aux élèves d'écrire, elle fut déçue par le manque d'engagement de Matteo et elle lui reprocha de ne pas avoir fait beaucoup d'efforts.

Maintenant, au contraire, elle se souvient avec beaucoup d'émotion de ce petit devoir que devait devenir le début de la vraie rencontre de Jésus avec son petit élève.

Ce qu'il advint en janvier 2000

Le rêve de Maria
(25 janvier 2000)

Maria habite en face.

Une nuit durant laquelle Matteo se trouvait en coma de réanimation, Maria avait rêvé que Padre Pio lui demandait, avec insistance, de m'apporter son image, ou quelque chose qui lui appartenait, parce que ainsi Matteo pourrait aller mieux et moi j'aurais été soulagée.

En réalité, Maria ne possédait rien de Padre Pio, et il lui semblait stupide, en ces jours de grande douleur, de venir me raconter un simple détail qui pouvait sembler banal; les paroles de Padre Pio résonnaient chaque jour dans sa tête, mais elle ne réussissait pas à faire quelque chose pour moi.

Quand, un an après la maladie de Matteo, Maria décida de me raconter son rêve, j'ai fait le lien avec le fait que ces jours-là me parvinrent les reliques de Padre Pio et sa photographie, sans que Maria n'en sût absolument rien.

Elle s'était longuement tourmentée de ne pas pouvoir m'apporter quelque chose appartenant à Padre Pio, de ne pas m'avoir raconté son rêve malgré l'insistance de sa sœur, et parce qu'elle n'était pas en mesure de comprendre s'il y avait un sens à ce que Padre Pio lui avait demandé cette nuit-là.

Maintenant nous disons que, peut-être, Padre Pio voulait communiquer à des étrangers son intervention, son intercession pour le salut de mon fils, afin qu'ils en soient témoins. Peut-être voulait-il dire indirectement: «Voilà, si Matteo va bien c'est parce qu'il a quelque chose de moi, je suis allé à lui.»

Ma foi me conduit à croire cela!

On me prendra pour une folle, mais les signes du ciel sont comme une légère brise qu'il faut prendre le temps d'écouter.

Le rêve d'Elisa
(30 janvier 2000)

La première nuit que Matteo se réveilla, le 30 janvier, une tante d'Antonio, tante Elisa, avait rêvé de la résurrection du Christ.

Elle se trouvait à Rho, chez elle, et s'était endormie en priant pour Matteo, comme le faisaient désormais depuis dix jours tous les membres de notre famille.

A l'improviste, elle s'était réveillée bouleversée et même effrayée par cette expression si inhabituelle de sa fantaisie onirique.

Elle avait vu Jésus, très beau, enveloppé d'une grande lumière blanche et aveuglante, qui s'élevait radieux, vers le ciel, comme s'il ressuscitait à cet instant de son tombeau.

Le premier instant de peur avait été remplacé par une sensation soudaine de paix, puis de bonheur inexplicable.

Le lendemain, par téléphone, elle apprit avec une grande joie que Matteo avait rouvert les yeux.

Mais ni nous, ni elle, à ce moment-là, ne pouvions imaginer ce qui allait se passer au réveil de Matteo, pour la sainteté de Padre Pio.

Ni nous, ni elle, ne pouvions imaginer le plein retour de Matteo à la vie et la glorification de Dieu et de Padre Pio à travers le miracle de mon fils.

Nous ne pouvions pas le savoir, mais le Christ si, lui si, et ce rêve était probablement l'anticipation de l'exultation qui allait toucher l'Eglise; quant à la lumière aveuglante, elle était comme la lumière, très forte, qu'avait vue Matteo dans le box de réanimation, durant son incroyable rêve qui avait précédé sa rencontre avec Padre Pio et avec les anges.

Plus d'une fois mon fils, parlant de cette lumière, l'avait identifiée à Jésus: «Tu sais, maman, je crois que la très belle lumière que j'ai vue avant de voir Padre Pio, c'était Jésus ou Dieu. Elle était si forte que je ne pouvais pas voir les visages des anges, notamment parce qu'ils étaient trop lumineux, eux aussi.»

Ce qu'il advint en février 2000

Le premier rêve de Raffaella

Lorsque Matteo était dans le coma, je me rendais tous les jours, pour trouver la force et la paix, à la messe à Santa Maria delle Grazie et j'avais l'habitude de me mettre à côté de l'autel, à côté de l'orgue, pour ne pas être vue et pouvoir librement pleurer et prier.

Or une nuit, une de mes amies, Raffaella, rêva de Padre Pio en prière, tenant un chapelet dans ses mains et éclairé à l'arrière par une lumière intense.

Padre Pio occupait précisément la place, le banc, que je choisissais ces jours-là pour me recueillir et pour invoquer son aide et celui de notre chère Maman du ciel qui trône sur la fresque de l'autel.

Raffaella ne le savait pas, mais elle raconta son rêve, qui l'avait profondément marquée, à une amie commune, Antonietta, qui m'avait accompagnée plus d'une fois à l'église.

Antonietta fut bouleversée de l'étrange coïncidence qui avait fait voir Padre Pio assis précisément là où je m'asseyais et elle me le raconta.

Spontanément, j'ai remercié Padre Pio, car j'étais convaincue qu'il avait voulu me faire savoir, à travers cette amie et ce rêve, que pendant tout le temps que j'étais restée à l'église pour prier, il avait été avec moi pour réciter son chapelet, comme il le faisait dans la vie, pour me soutenir, assis là où je m'asseyais, et comme je le lui demandais instamment.

Beaucoup penseront que ma fantaisie est au travail, mais au-delà des rêves, je sentais et je sens encore Padre Pio derrière moi, avec la Vierge, avec l'amour qu'il a pour tous ceux qui l'appellent.

Le deuxième rêve de Raffaella
(3 février 2000)

Raffaella a assisté Matteo dès les premiers mois de sa vie, me remplaçant durant la période où j'avais commencé à enseigner comme professeur à San Marco in Lamis.

Aujourd'hui, heureuse du réveil de l'enfant, elle est venue me raconter un rêve étrange qu'elle avait fait la nuit précédant la maladie de Matteo et qui lui avait donné l'espoir de voir Matteo s'en sortir.

Raffaella était entourée de neige, de beaucoup de neige, et à un certain moment elle avait vu, effrayée, qu'un nouveauné glissait sur la glace et se blessait au front.

Elle s'était approchée et lui avait mis de la neige froide sur sa blessure, d'où le sang coulait.

Puis elle s'était étonnée de ne pas voir les parents de l'enfant dans les alentours, pour qu'ils l'aident à le secourir.

Pendant ce temps, l'enfant s'était sali en déféquant et elle avait pensé bien faire de l'amener chez elle et de le laver.

En faisant ainsi et en touchant le petit derrière de l'enfant, elle s'était rendu compte que le nouveau-né en question était Matteo, qu'elle avait tant de fois lavé et changé, et elle était contente d'avoir pu l'aider.

Raffaella avait gardé pour elle ce rêve qui l'avait profondément perturbée et, quand elle avait appris la très grave maladie de Matteo, elle s'était mise, elle aussi, à prier, convaincue que ce rêve avait été prémonitoire et que Matteo, malgré les complications, s'en serait sorti.

Les jours pendant lesquels Matteo était dans le coma, il neigea beaucoup à San Giovanni; par ailleurs, notre plus grand souci à tous par rapport à la survie de l'enfant était précisément «sa tête»: le doute que le cerveau de Matteo ait été gravement lésé à cause de la longue anoxie.

Les rêves de Valeria
(4 février 2000)

Ces jours-là, ma cousine Lucia nous a appelés tous les matins pour avoir des nouvelles de Matteo et chaque matin j'ai pu lui dire: «Encore une nuit passée, Matteo résiste, il est encore là.»

Chaque nuit fut pour moi interminable, un cauchemar, à compter les secondes, le souffle suspendu, en espérant que le téléphone ne sonne pas pour m'annoncer une mauvaise nouvelle.

Pendant cette période, je ne suis allée au lit que pour contenter mes frères qui m'imposaient de m'étendre, mais mon cerveau refusait de se laisser aller au sommeil; je ne faisais rien d'autre que prier, chapelets sur chapelets, pour ne pas interrompre le fil de la prière qui, selon moi, empêchait Matteo de nous quitter.

Le silence de la nuit, si régénérateur quand nous sommes sereins, devenait une détonation hallucinante de douleur, l'obscurité se remplissait d'ombres mystérieuses qui tourmentaient mon âme.

Le tic-tac de l'horloge sur la table de nuit se transformait en tambour d'une musique lugubre, d'un rythme funèbre.

Entre un *Ave* et un *Pater Noster*, mon esprit se tordait, les yeux fermés, pour tenter de revoir le visage souriant de Matteo qui me disait au revoir le matin du 20 janvier, en bas de chez Dora; mais la seule image que je parvenais à élaborer était celle de sa pâleur et des pétéchies toujours plus nombreuses, sa difficile respiration, son regard perdu et l'ascenseur du service de pédiatrie qui se refermait sur lui.

Un matin, Lucia m'appela, plus agitée qu'à l'accoutumée, pour me dire que sa fille, Valeria, avait fait un cauchemar.

Elle s'était réveillée en criant et en désignant quelque chose près du balcon.

C'était le matin du réveil de Matteo: le 31 janvier.

Lucia et son mari avaient tenté de la calmer, mais la fillette, en sanglotant, disait que, près du rideau, elle continuait à voir Padre Pio, agenouillé, les mains jointes, et à côté de lui le pape qui posait une main sur sa tête et, de l'autre, le bénissait.

Plus tard, la fillette expliquera à sa mère que le pape qu'elle avait vu n'était pas Jean-Paul II, mais un pape robuste, qu'elle avait vu sur une photo, et qui pratiquement était Jean XXIII.

Elle racontera alors un autre rêve à sa mère: Padre Pio était mort, dans un cercueil de cristal et était porté en procession par une grande foule de gens, étrangement festive; ses mains n'avaient ni gants ni plaies.

Valeria a un an de plus que Teo; elle ne connaît donc pas l'histoire de Padre Pio et ne sait pas qu'à sa mort les stigmates de Padre Pio ont disparu.

Moi, à l'époque du récit de ma cousine, bouleversée par le drame de mon fils, je n'ai pas accordé beaucoup d'importance à tout cela.

Mais aujourd'hui, en y réfléchissant, je me demande si cette procession n'était pas une anticipation de la grande fête qui glorifiera Padre Pio sur la terre.

Je me demande aussi si le pape Jean XXIII et Padre Pio, vus ensemble, ne représentent pas les deux causes de béatification qui se déroulent parallèlement.

Sans doute Padre Pio, dans sa grande humilité de frère, a-t-il choisi de s'agenouiller devant le pape, même en rêve.

Peut-être suis-je en train de dire des folies, mais c'est mon cœur qui parle!

Le rêve de la mère de Dora
(5 février 2000)

C'est l'après-midi, Dora m'appelle pour me dire que sa mère, qui se trouve à Borgo Mezzanone, a rêvé de Padre Pio en procession, ici à San Giovanni Rotondo; une procession en son honneur et en l'honneur de Notre-Dame de Fatima.

La procession a eu lieu à l'occasion d'une grande fête avec des milliers de personnes, dans une atmosphère d'immense joie collective; elle est passée devant la «Casa Sollievo», au milieu des chants et des prières.

La mère de Dora ne parvient pas à comprendre comment, alors que Matteo est en réanimation, elle a pu faire un rêve si joyeux.

En réalité, précisément ces jours-là, Matteo commençait à reprendre vie, avec une immense douleur physique et psychologique.

Et précisément ces jours-là, il avait commencé, avec difficulté et du bout des lèvres à décrire, à mon grand émerveillement, sa rencontre avec Padre Pio.

Certes, la maman de Dora, à quarante kilomètres de l'hôpital, ne pouvait pas encore savoir cela, ni l'évolution qui allait suivre.

Elle ne pouvait pas connaître, ni nous d'ailleurs, l'importance de la guérison de Matteo pour la sanctification de Padre Pio.

Ce n'est que maintenant que je me rends compte de la signification de ce rêve: la procession en l'honneur de Padre Pio et de la Vierge était, selon toute vraisemblance, la référence, l'anticipation des fêtes pour la canonisation de Padre Pio, pour laquelle, c'est certain, la Vierge Marie a intercédé.

Cette Vierge, que Padre Pio aimait tant et à laquelle il s'était adressé autrefois pour sa propre guérison et qui l'avait exaucé.

Cette Vierge qui, par son amour de mère, a aussi protégé Matteo et a permis que le miracle pour la sanctification de Padre Pio arrive précisément dans sa «Maison», le lieu créé grâce à sa ténacité et à son amour envers les hommes.

Ainsi, à coup sûr, nous verrons prochainement Padre Pio et notre Maman du ciel passer ensemble en procession devant l'hôpital, pour bénir les malades, pour apporter amour et soutien.

Je souhaite que la Vierge, chaque fois qu'elle tournera son regard maternel vers la «Casa Sollievo» (la Maison du Soulagement), intercède pour un malade, avec son immense bonté, comme elle le fit il y a tant d'années pour Padre Pio et comme elle l'a fait maintenant pour Matteo.

Ce qu'il advint en mai 2000

Le rêve de sœur Augusta
(10 mai 2000)

Les sœurs franciscaines de l'Immaculée ont été les sœurs dont mes deux fils ont fréquenté l'école maternelle avec beaucoup de plaisir. Elles ont été appelées à San Giovanni Rotondo, comme tant d'autres religieux, par Padre Pio, qui les incita à créer une institution pour accueillir les enfants et leur donner une formation religieuse et beaucoup d'amour. Durant la maladie de Matteo, ces religieuses ont continuellement prié avec nous, dans toutes leurs maisons à travers l'Italie. Souvent, elles venaient me consoler et dire le chapelet avec moi.

Sœur Michelina et sœur Matilde, en particulier, me réconfortaient en m'incitant à croire fermement en la force immense de la prière collective et fervente; elles me soutenaient grâce à leurs innombrables *Ave Maria*, répétés avec moi, sans arrêt, inlassablement.

Ces jours-ci, durant lesquels beaucoup d'entre elles sont venues embrasser Matteo convalescent, sœur Augusta, la sœur qui s'est occupée de lui la dernière année de maternelle est venue elle aussi.

Sœur Augusta, qui se trouve maintenant à Pietrelcina — quel hasard! — m'a raconté que pendant le coma de Matteo, une nuit, après s'être endormie pendant qu'elle priait pour mon fils, elle avait rêvé qu'elle se trouvait à nouveau à San Giovanni Rotondo avec les enfants qui avaient été les amis de Matteo et qu'elle essayait de leur faire apprendre un chant pour une cérémonie religieuse très importante.

Les nombreux enfants répétaient en chœur toujours les mêmes mots: «Nous proclamons, nous proclamons, nous proclamons» en un crescendo de notes et de puissance.

Ce rêve l'avait étonnée et lui avait laissé une sensation inexplicable d'allégresse.

Le lendemain matin, elle avait cherché, sans y parvenir, une explication à ce rêve et le sens de ces mots répétés si souvent et avec force par les enfants.

Aujourd'hui, avec le temps, j'ai compris que ces enfants anticipaient dans ce rêve la proclamation de la sainteté de Padre Pio.

Leur chant était un chant de gloire à Dieu qui, désormais, s'élève, amplifié et festif, de tous les coins de la terre vers le ciel.

Le rêve de Michelina
(28 mai 2000)

La maman d'Anna et de Michela Tancredi, Torre Michelina, vient me trouver à l'école. J'ai été la maîtresse non seulement de Michela, mais aussi d'Anna, handicapée mentale à la suite précisément d'une méningite contractée dans son jeune âge.

Comme enseignante, j'avais eu un faible pour Anna, étant donné qu'elle me semblait un petit faon perdu, sans jamais savoir, jusqu'à ce jour, que la cause de son problème avait été une méningite.

Un jour, elle était venue déjeuner avec moi, accompagnée d'Emanuela, une splendide compagne qui, aujourd'hui, — encore le hasard! — est sœur de la Divine Miséricorde et qui, pendant la maladie de Matteo, a beaucoup prié avec moi.

Cette dame m'explique qu'Anna, ayant appris les graves conditions de santé de Matteo et la cause qui avait déchaîné ce désastre, avait pleuré et beaucoup prié pour mon enfant. Mais le plus étrange, c'est qu'une nuit, la maman avait rêvé de Padre Pio dans la vieille petite église. Padre Pio avait fini de célébrer la messe et s'était rendu à la sacristie. La dame était également entrée dans la sacristie pour le saluer et là, elle le trouva assis, portant encore ses ornements sacerdotaux, avec une étole dorée et une aube blanche. A côté de lui, il y avait un petit lit en fer et un vieux réfrigérateur. Padre Pio demanda à un monsieur qui était tout près de prendre quelque chose dans ce réfrigérateur et ce monsieur, ayant fait ce que Padre Pio lui demandait, s'approcha avec deux petits sachets. Padre Pio le réprimanda: «Je t'ai dit d'en prendre un sachet, pas deux, un seul me suffit, je n'en ai besoin que d'un seul!»

Dans ces sachets, au grand étonnement de la dame, il y avait des esquimaux au citron. Padre Pio répéta: «Je n'en ai besoin que d'un seul!»

Comme c'est étrange, quand Matteo s'est réveillé, le 31 janvier, il nous a demandés avec insistance en faisant signe de ses lèvres, à cause de la brûlure qu'il ressentait, de lui apporter une glace, mais au Coca-Cola.

Mon frère Nicola, pour lui faire plaisir, fit le tour de San Giovanni, mais comme c'était l'hiver, il ne trouva qu'un esquimau au citron et me le fit parvenir. Matteo avait commencé à le porter à ses lèvres avec l'aide de son père, avec beaucoup de difficulté vu ses terribles conditions et les tubes qui le tourmentaient, quand un infirmier du service de réanimation nous apporta deux sachets avec des glaçons au Coca-Cola, se souvenant qu'il en avait dans le réfrigérateur du service.

La maman d'Anna ne pouvait pas connaître ces détails dramatiques et incroyables du réveil de Matteo; pourtant il y a bien un lien étrange entre le rêve et la réalité.

Ce qu'il advint en juin 2000

Le rêve d'Alessandro
(22 juin 2000)

Il y a quelques jours, Alessandro m'avait dit qu'il était très déçu que Padre Pio ait été et fût encore si près de son frère, mais qu'il ne pensait pas à lui.

En souriant je lui avais répondu que Padre Pio avait coutume de répéter: «Je suis à tous» et je lui avais expliqué que Padre Pio est toujours avec nous, avec chacun de nous, pour nous accompagner dans la prière, si nous l'appelons comme des enfants affectueux.

Puis j'avais conclu en disant: «Prie, Alessandro, prie, demande-lui d'être proche de toi, de te protéger, de te bénir, en intercédant pour toi auprès du Seigneur. Tu verras, il ne te laissera jamais!»

Aujourd'hui, en allant à Foggia, Alessandro me dit avec enthousiasme qu'il a rêvé de Padre Pio. Curieuse, je lui demande de tout me raconter.

Alessandro commence par m'expliquer: «Une trombe d'air s'était déchaînée, Damien et moi nous nous sommes réfugiés dans un coin de la scène sur laquelle un spectacle était donné. Là, portée par le vent, une grosse poutre m'arrive droit dessus avec violence et s'apprête à m'assommer, quand soudain apparaît Padre Pio qui la prend dans ses mains en disant: «N'aie pas peur, Alessandro, avec moi tu n'as rien à craindre!»

Voilà le rêve d'Alessandro et je lui fais remarquer que sa prière à Padre Pio et son désir de le voir ont été si forts qu'il s'est manifesté à lui. Rationnellement je pense à un conditionnement de l'esprit. Mais ma foi me dit que Padre Pio a

Matteo (Matthieu), octobre 2000 (huit mois après la guérison)

Les élèves de la deuxième élémentaire
de l'école Francesco Forgione en juin 2000. Matteo est
le second depuis la gauche. Quatre mois après la guérison.

Verbalizza
Anche tu ricevi regali per
Natale? Quali doni vorresti
ricevere?
Racconta
Svolgo
Sì, io ho sempre ricevuto regali da
Babbo... Natale. Per quest'anno
vorrei conoscere Gesù vero.

Interrogation:

Reçois-tu, toi aussi, des cadeaux pour Noël? Que voudrais-tu recevoir?

Oui, j'ai toujours reçu des cadeaux à l'occasion de Noël. Pour cette année, je voudrais connaître le vrai Jésus.

Rédigé par Matteo peu de temps avant la maladie

Venerdì 7 aprile 2000
Verifica e_→ è
Dettato
① *Valentina è malata, perciò*
è assente.
② *I limoni e le arance sono*
agrumi.
③ *Il succo di pompelmo è un po'*
amaro, ma ricco di vitamine.
0.

Vendredi 7 avril 2000

Dictée:

Valentine est malade, c'est pourquoi elle est absente.
Les citrons et les oranges sont des agrumes.
Le jus de pamplemousse est un peu amer, mais riche en vitamines.

Composition en italien de Matteo, six jours après son retour en classe (deux mois après la maladie). On ne remarque aucune modification dans l'écriture.

Maria Lucia Ippolito est la mère d'Alessandro et de Matteo (ici en photo).
Elle enseigne dans une école professionnelle. Son mari,
Antonio Colella, est médecin chirurgien à l'hôpital
«Casa Sollievo della Sofferenza» à San Giovanni Rotondo.

15 Luglio 2000

Il mio sogno con Padre Pio.

Io mi sono visto attraverso
un buio vicino i macchina
vi eb visto padre Dio che mi
ha dato la mano destra
e a sinistra gli angeli.
Padre Pio mi ha detto;presto
guarirai.
Con Padre Dio sono stato
bene e ho fatto un volo
che mi è piaciuto perché
è la prima volta che volo

15 juillet 2000

Mon songe avec Padre Pio.

*Je me suis vu en voiture dans la brume et j'ai vu
Padre Pio qui m'a dit: «Bientôt, tu guériras.»*

*Avec Padre Pio, je me sentais bien et j'ai fait un vol qui m'a plu.
C'est la première fois que je «planais».*

Petit devoir d'été réalisé en juillet suivant la guérison.

Matteo avec le Père Gerardo di Flumeri, vice-postulateur
de la cause de canonisation de Padre Pio
(17 octobre 2000, clôture du procès diocésain)

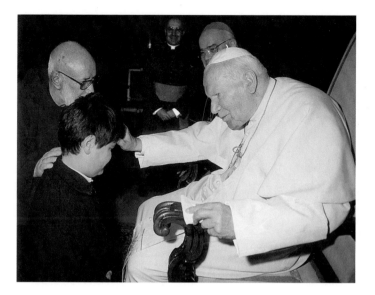

A l'audience du Pape
(20 décembre 2001, jour où fut décrété le miracle)

La famille Colella en janvier 2002

voulu faire un très beau cadeau à mon fils et, en cette période très exceptionnelle où nous l'avons un peu négligé, en tant que maman cela me fait plaisir d'alimenter en lui l'idée que Padre Pio s'occupe de lui, comme il l'a fait pour son frère.

Alessandro a été fort, serein, un rocher d'équilibre et d'amour auquel j'ai pu m'accrocher et il mérite beaucoup d'amour et de sérénité.

C'est le soir, Alessandro et moi sommes au lit, il dort avec moi depuis que son petit frère a été malade, car Matteo n'arrive à se sentir en sécurité que si son père reste la nuit auprès de lui.

D'un coup, juste alors qu'il semble s'endormir, Alessandro se lève en sursaut sur le lit et me dit: «Maman, maintenant je me souviens que Padre Pio, dans le rêve de la nuit dernière, m'a dit une chose étrange. Il m'a dit: Alessandro, rappelle-toi que ce n'est pas un rêve, mais que je te suis réellement apparu.»

Alessandro me dit cela, heureux.

Je lui souris et je lui réponds que Padre Pio a probablement voulu lui faire comprendre qu'il est proche de lui, et pas seulement de Matteo.

Moi aussi je suis heureuse, car même si ma logique me dit que c'est son cerveau qui a élaboré cette pensée, ma confiance en Dieu me suggère que le Père a voulu récompenser Alessandro pour le courage et la foi qu'il a su exprimer dans cette difficile affaire, malgré son jeune âge.

Chaque fois qu'il me voyait pleurer, il me répétait: «Maman, si tu as la foi, tu ne dois pas pleurer, tu dois avoir confiance en Dieu; c'est toi qui me l'as appris.»

Mais, quand je ne le voyais pas, c'est lui qui versait des larmes pour son petit frère et qui répétait beaucoup d'*Ave Maria*. Il en disait aussi avec moi, quand je lui demandais de réciter le chapelet avec moi pour Matteo.

A chaque fois, il m'embrassait et me répétait: «Tu vas voir, maman, on va y arriver en priant!»

Maintenant, avec le recul, je me rends compte que ce petit garçon a été extraordinaire... un homme! Mais je comprends aussi que sa conscience de l'espérance dans la prière était sagesse de l'Esprit Saint, qui s'est servi de lui pour me donner courage dans les moments de détresse et de faiblesse de mère.

Alessandro a été l'instrument de la miséricorde de Dieu pour me soutenir et ne pas me laisser seule et qui sait si Padre Pio, en entrant dans ses pensées, n'a pas voulu lui faire sentir sa présence et son amour.

J'espère que l'Esprit et Padre Pio voudront bien lui donner à l'avenir la même force que durant ces mois-ci, dans toutes les difficultés de la vie: en le gardant, en l'inspirant, en l'éclairant et en le protégeant.

J'espère que Jésus voudra faire grandir sa foi afin qu'elle puisse être le soutien de toute son action, la lumière de son horizon, le filtre pour voir correctement la réalité et le monde et pour surmonter les obstacles et la douleur.

C'est la prière d'une mère pour son fils.

Je me souviendrai toujours du jour où, me voyant abattue et défaite face à la gravité de l'état de son frère, il me raconta avoir entendu ou lu à propos de Padre Pio l'histoire d'un aveugle qui s'était rendu souvent chez lui pour lui demander d'intercéder auprès du Seigneur pour qu'il lui rende la vue. Padre Pio lui recommandait d'avoir foi et patience. Mais un jour, las d'attendre, cet homme blasphéma, de sorte que lorsqu'il retourna chez Padre Pio, celui-ci lui dit: «Que veux-tu de moi, tu n'as pas eu assez de foi, le Seigneur ne t'accordera plus la grâce!»

Son récit, si simple et incisif, m'a alors donné beaucoup de courage, il m'a fait me sentir une «femme de peu de foi» et m'a conduit à croire et à espérer.

Ce qu'il advint en juillet 2000

Le rêve de ma mère
(15 juillet 2000)

Marcello, un très bon ami de Rome, tertiaire franciscain, chose à laquelle Padre Pio tenait beaucoup pour ses fils spirituels, est venu me trouver.

En effet, il avait coutume de répéter que devenir tertiaire et vivre entièrement les principes moraux, permettait de s'assurer une place au paradis.

Avec Marcello, nous avons parlé de l'aventure de Matteo et de la sensation inexplicable et angoissante qu'il avait éprouvée, le 20 janvier, soir où Matteo était tombé malade, et qui l'avait fait téléphoner à mon frère Giovanni.

Quand il lui téléphona, vers 22 heures 30, poussé par cette étrange et désagréable intuition, il découvrit le drame qui avait frappé notre famille depuis quelques heures.

Il fut bouleversé par la gravité de la situation de Matteo et, informé par Giovanni de ma requête de prière, comme seule arme en notre possession, lui qui comme moi croit si fort en la force salvifique de celle-ci, il téléphona au Père Carmine, un prêtre rempli de dons, à une de ses amies, Paola, elle aussi engagée sur le chemin des tertiaires, et aux sœurs clarisses de Lourdes.

Tous commencèrent à implorer incessamment la Miséricorde de Dieu pour Matteo. Padre Carmine encourageait Marcello et Marcello m'encourageait, par ces mots: «Prions, Matteo est dans les bras de la Vierge.»

Quelle phrase merveilleuse, maintenant je m'en rends compte: Matteo dans les bras de la Vierge, et Marie qui demande au Seigneur de le garder en vie, de le sauver, d'écouter nos prières. La Vierge, cette superbe maman, que Padre Pio appelait la «Contrabbandiera», toujours prête à demander des grâces à son fils. Marie, qui m'a protégée quand j'étais dans le sein de ma mère.

Pour les médecins de l'époque, je n'aurais pas dû naître ou, si j'étais née, j'aurais dû naître malade. Ma mère avait perdu les eaux au sixième mois de sa grossesse. Elle avait été hospitalisée à la maternité de Foggia et, à la suite d'une piqûre qui aurait dû provoquer le travail et l'accouchement, elle avait perdu les sens et avait été placée en isolement, au grand désespoir des membres de la famille, de mon père et de mes grands-parents.

Ces jours-là, durant son étrange sommeil, ma mère avait clairement vu une Dame portant un enfant dans ses bras et un voile sur la tête. Elle était assise sur son lit et la rassurait: «Ne t'en fais pas, tu auras ta petite fille.»

Se retournant, ma mère s'était retrouvée avec une petite fille entre les bras, une nouveau-née, brune et joufflue, comme je suis réellement née trois mois plus tard.

Lorsqu'elle se remit de son état d'inconscience et sortit de son isolement, la première chose qu'elle fit fut de chercher la fillette et la Dame qu'elle avait vue en rêve, provoquant l'émervcillement et l'incrédulité de sa mère et de son mari.

L'accouchement ne se fit pas durant cette hospitalisation et ma mère, exténuée et soucieuse rentra chez elle où, sans possibilité d'examens particuliers, inexistants alors, elle passa les trois autres mois de sa grossesse entre les prières et les pleurs. A cette époque, il y a quarante ans, il n'y avait ni échographie, ni diagnostic pouvant éclairer la situation du fœtus.

Mais les prévisions des médecins étaient néfastes, car tous estimaient, à juste titre d'ailleurs, que les problèmes de gestation que connaissait ma mère devaient avoir agi négativement sur l'état de santé et sur le développement du fœtus.

En revanche, contrairement à toute prévision humaine, je suis née saine, pesant 5 kg, à la maison, au terme du neuvième mois.

Voilà pourquoi je m'appelle Sanità (Santé), comme la Vierge qui trône dans le sanctuaire de Volturara Appula, village natal de ma mère et qui est vénérée comme «Santé des malades».

«La Vierge m'a tenue très fort entre ses bras, pourquoi pas Matteo?».

C'était, ces jours-là, mon espérance face aux paroles du Père Carmine.

Je l'ai vraiment imaginée avec Matteo sur sa poitrine, pour le maintenir en vie, pour l'aider à vaincre la maladie...

Nous sommes maintenant en juillet, nous avons été à Lourdes, mon mari, les enfants et moi.

Nous avons été rendre visite à la Maman des malades, en pèlerinage d'action de grâces.

Pendant que nous parcourions les rues avec l'autocar qui était venu nous prendre à l'aéroport, à un certain moment le guide nous a indiqué, parmi tant d'autres choses, le couvent des Clarisses. Celles-là mêmes qui s'étaient unies au chœur de nos prières, sur cette terre sainte, d'où le cri de secours de l'être humain peut s'élever plus puissamment vers notre Maman miséricordieuse.

Cette Maman qui a prié avec moi et qui m'a soutenue pour éviter que je ne m'effondre, elle, la douce Vierge qui a goûté toute la douleur d'une mère devant le calvaire de son fils. Elle qui a promis de soutenir quiconque lèvera ses yeux et son cœur vers son amour incommensurable.

Combien de fois, en ces si longs jours d'attente, je lui ai adressé mes pleurs, ma douleur, mes espoirs de voir renaître mon fils.

Je lui demande maintenant de m'enseigner à exprimer toute ma vie mon «merci», en me rendant conforme à son amour au quotidien.

«Chers fils, cherchez auprès de Dieu les grâces qu'il vous donne à travers moi: je suis prête à intercéder auprès de Dieu pour tout ce que vous cherchez...»: c'est ce que Marie nous a demandé.

Un intense parfum de fleurs
(28 juillet 2000)

Matteo me fait une étrange requête: «Maman, je voudrais que Padre Pio m'apparaisse vraiment!» Je lui demande pourquoi et il me répond: «Pour lui dire merci!»

Ces jours-là nous avons été à Vallombrosa, en Ombrie. C'est un très bel endroit pour la méditation et le repos, avec un monastère très suggestif tenu par les Bénédictins et dont l'abbé est originaire de San Giovanni Rotondo.

Le premier soir, je me suis rendue dans la splendide chapelle pour écouter les vêpres en grégorien et, alors que j'arrivais à la sacristie, j'ai senti un intense parfum de fleurs. Sincèrement, j'ai pensé que l'odeur provenait des fleurs blanches qui ornaient l'autel. Mais quand, une fois la prière communautaire achevée, je me suis approchée d'elles, je me suis aperçue qu'elles ne sentaient rien, au contraire! Aussi, automatiquement, ai-je pensé: «Tu m'as accompagnée jusqu'ici! Pourquoi? Tu es vraiment toujours avec nous!»

Le lendemain, je me suis arrêtée à la porterie pour parler avec Lidia, une laïque consacrée, une femme incroyable qui, à la suite d'une vocation tardive, a quitté sa famille et est entrée dans un monastère.

Elle a voulu que je lui raconte ce qui s'était passé et, à la fin, j'ai été profondément frappée par une réflexion qui a spontanément jailli de son cœur.

Elle m'a dit: «Tu sais, Maria Lucia, parfois le Seigneur choisit pour lui, non pour nous, et presque certainement la maladie et la guérison de Matteo avaient un sens précis pour l'Eglise, pour les conversions. Le Seigneur, qui est si grand, aimable, miséricordieux, a des projets incroyables pour pouvoir exprimer sa volonté à travers notre oui. Le salut de Matteo — comme les miracles de l'Evangile — servait pour que ceux qui sont éloignés de la foi s'approchent d'elle et de la prière.»

Cette réflexion m'a stupéfaite, peut-être même un peu déplu, mais je me suis rendu compte qu'en réalité le sens du miracle est justement cela: donner un signe fort pour que ceux qui ne croient pas puissent croire.

Quand il arrive, le miracle n'est pas pour soi, mais pour l'humanité, pour témoigner de la puissance du Seigneur, pour accroître de la part de l'humanité l'amour envers le Tout-Puissant, cet amour capable de déplacer les montagnes, de ranimer la flamme de l'espérance.

Ce qu'il advint en août 2000

La statue de la Vierge des Douleurs

Je suis dans l'église de San Nicola, pour remercier la Vierge, une fois encore.

Elle est vénérée ici sous le titre de N.-D. des Douleurs.

L'église abrite une vieille et merveilleuse statue, si extraordinairement humaine qu'elle semble presque animée lorsqu'on la regarde longuement.

Mme Grazia Giuliani m'a raconté que cette statue fut apportée, encore inachevée, avec seulement le visage et le buste, dans le palais Ricci, la maison de ses ancêtres située en face de l'église de San Nicola, puis, de là, dans l'église. La tradition rapporte, comme me l'a raconté cette dame, que le sculpteur a entendu ces mots sortir de son œuvre à peine achevée: «Pourquoi m'as-tu faite si belle?».

Le 21 janvier, le vendredi matin, juste au moment où Matteo, vers les 10 heures, était entre ciel et terre, entre la vie et la mort, la maman d'un de ses camarades de classe, Filomena, ayant appris les terribles nouvelles de son état de santé, décide, en passant devant cette église, d'y entrer et de faire une prière spéciale pour Matteo.

Dans l'église, le gardien lui permet de prendre une petite échelle et de pouvoir toucher la Vierge, et elle lui demande à travers ce contact d'épargner Matteo.

En même temps, moi, qui suis à l'hôpital, consciente de la fin imminente de mon fils que je saisis dans les paroles et les regards de ceux qui m'entourent, je ressens comme une impulsion à m'adresser par un cri extrême de mère à Marie, précisément à Notre-Dame des Douleurs, convaincue que seul son cœur transpercé de mère pourra soutenir le mien, tout aussi déchiré.

Je commence ainsi à lui demander avec une insistance, lourde mais confiante, de me faire traverser mon calvaire pour la vie et non pour la mort — comme je l'ai écrit dans mon rapport — contre les lois de la nature et de la raison, forte de la foi en sa pitié de mère.

Je me souviens des paroles d'une de mes amies, Paola, qui, pour me préparer au pire imminent, étant elle-même médecin, me répétait: «La barque est en train de couler.» Je ne voulais pas l'entendre et je me réfugiais dans mes invocations à Marie, à Jésus, à Padre Pio et je me répétais: «Il a ressuscité Lazare.»

Maintenant je suis ici, émue, sanglotant même, pour rendre grâces, car malgré mon immense misère de fille pécheresse, Marie a accueilli mon drame dans son cœur, pour le transformer en joie.

Douce Mère céleste, tu as toi-même promis ton aide à quiconque s'adresse à toi avec foi. Que te dire: merci, merci, avant tout de la foi, ce don qui ouvre la route à d'autres dons.

Merci de m'avoir rendu ce fils, toi qui, pour notre rédemption, as sacrifié le tien, ton fils.

Aide-moi à marcher selon ta volonté et selon celle du Seigneur.

Bénis et aide toutes les mères qui souffrent et qui se confient à toi, soulage leur douleur, guéris leurs cœurs et leurs maux, préserve leurs fils.

Padre Pio écrit, dans sa *Correspondance*: «Ne vous laissez pas abattre, priez avec humilité et souvenez-vous du calme après la pluie, de la lumière après les ténèbres, de la tranquillité qui suit la tempête et le tourbillon. L'aide charitable de l'amour paternel de notre Dieu et les grands dons de sa divine majesté entoureront sûrement de gloire la confiance des persévérants.»

Sainte Vierge, fais que la lumière puisse revenir dans bien des maisons, ainsi que la santé du corps et de l'âme, la tranquillité et la paix.

Ecoute, chère Maman, comme si tu étais ma maman et celle de toutes les mamans affligées, la prière de Padre Pio: «Ma Mère, comme je me sens confus si chargé de fautes devant toi, très pure et Immaculée dès le premier instant de ta conception, et même depuis que «*ab eterno*» tu as été conçue très pure dans l'esprit de Dieu: aie pitié de moi; un regard maternel de ta part me relève, me purifie, m'élève vers Dieu, me redressant de la boue de la terre pour accéder à celui qui m'a créé... Inculque en moi cet amour qui brûlait pour lui dans ton cœur...».

Grazia Giuliani m'a donné, à ma grande joie, une petite relique de Notre-Dame des Douleurs, un petit morceau de vêtement qui recouvrait la statue de la Vierge avant l'incendie, une relique que je conserverai jalousement, en gage du grand don reçu de Marie; et j'espère que Marie voudra prendre auprès d'elle Grazia, maman exemplaire, qui s'est envolée vers le ciel avec sérénité, en offrant avec amour ses incroyables souffrances.

Ce qu'il advint en octobre 2000

Une inconnue dans l'autocar
(14 octobre 2000)

J'ai rencontré Antonietta, la belle-sœur d'une de mes amies, à une fête. Elle s'est approchée de moi pour me demander si j'avais encore un des chapelets que j'avais fait bénir, le soir de la messe d'action de grâces pour Matteo, et que j'avais offerts en souvenir de ce qui s'était produit, dans l'espoir que la bénédiction spéciale de Padre Pio entrerait dans les maisons de tous ceux qui avaient été proches de nous et qui avaient prié avec nous.

Me parlant de Matteo et du grand réseau de prière qui s'était créé autour de lui, elle me raconte un fait dont je n'avais pas connaissance. Ce qui vient confirmer une nouvelle fois ma conviction que derrière le besoin de prier pour Matteo, ressenti par beaucoup, il y avait le «doigt» de Dieu.

Un des jours où Matteo allait très mal, Antonietta s'était rendue à Manfredonia pour une commission et, au retour, elle se trouvait dans le car qui montait à San Giovanni. Une dame qu'elle ne connaissait pas, parlant avec un accent du Nord, s'était soudainement levée et s'adressant à tous les passagers elle avait dit: «Je voudrais vous demander à tous une faveur; je voudrais que vous priiez avec moi.»

Sur le moment, Antonietta avait pensé à une fanatique qui s'emportait, comme il arrive d'en rencontrer. Mais, après une brève pause, la dame avait poursuivi: «Je voudrais vous demander de prier pour un enfant qui se trouve à l'hôpital de Padre Pio et qui va très, très mal; sa maman demande de l'aider par la prière.» Ayant dit cela, elle fit un signe de croix et commença le chapelet à la Vierge, en disant qu'elle le consacrait à Matteo. Comme par enchantement, toutes les personnes présentes commencèrent à lui répondre, formant un chœur unanime. Les *Ave Maria* pour Matteo continuèrent jusqu'à l'arrêt de l'autocar, devant l'église de Sainte-Marie-des-Grâces, avec même la participation du chauffeur, au grand étonnement d'Antonietta.

Que dire de cela?

Le Seigneur m'a accordé, en ces terribles journées, l'aide de personnes inconnues et ce soutien de prière l'a conduit à se tourner vers nous et à avoir pitié de nous.

Padre Pio écrit à Raffaelina Cerase, dans sa *Correspondance:* «Rappelez-vous du vrai Jacob qui prie dans le jardin, rappelez-vous qu'il y a découvert la véritable échelle qui unit le ciel et la terre, qui nous a fait connaître que l'humilité, la contrition et la prière font disparaître la distance qui sépare l'homme de Dieu, font descendre Dieu jusqu'à nous et élèvent l'homme jusqu'à Dieu, faisant disparaître cette immense distance que chante le prophète...».

L'amour que j'ai expérimenté à ces moments-là a été extraordinaire; il a constitué une auréole protectrice qui nous a soutenus et entourés; il a été hors de la normale et j'y ai lu un don divin.

Aussi bien nos amis que ceux dont je ne connaissais que le nom, tous, tous ont prié avec une intensité, une participation hors du commun et pour lesquelles je ne cesserai jamais de rendre grâces.

La clôture du procès diocésain
(17 octobre 2000)

Aujourd'hui, à Manfredonia, le procès diocésain a été clos, et toutes les caisses contenant les dossiers et les rapports sur la maladie de Matteo ont été scellées pour être envoyées à Rome, à la Congrégation pour la cause des saints.

Ce fut pour moi une émotion immense!

Je me suis dit, en regardant Matteo qui courait allègrement, comme si son terrible mal lui avait donné un regain d'énergie, que je n'aurais jamais pu imaginer que la grande douleur aurait fait place à une joie et à une émotion si fortes, une bénédiction tellement imméritée.

Le plus beau de tout, c'est la sérénité de Matteo qui, avec l'aide de Dieu, surmonte progressivement les peurs liées à son immense traumatisme et à sa grande douleur physique; Matteo qui réussit à vivre tout ce qui se passe de grand autour de lui avec une simplicité extrême et extraordinaire. Evidemment, cela aussi est une bénédiction de Dieu.

C'est ce dont témoigne une phrase qu'il m'a dite, en rentrant à la maison, alors que je lui faisais un reproche: «Je suis célèbre, mais tout est comme avant, car aucun de vous, les adultes, ne me respecte, alors cela ne sert à rien.»

J'ai souri et j'ai pensé que la grandeur du Seigneur se voit aussi dans le fait que pour Matteo tout, même cet incroyable événement du procès, est rentré dans la normalité la plus absolue.

C'est un miracle dans le miracle!

Encore le parfum de fleurs
(21 octobre 2000)

Je me rends à l'école, à Sannicandro, et, comme toujours, j'écoute Radio Maria.

Je me demande si ce qui s'est passé a un sens: notre vie bouleversée, tout le monde tourmenté, nous par les médias qui veulent faire des scoops, alors que notre désir est de demeurer en silence.

«Qu'est-ce qui est juste, Seigneur?».

La radio transmet ces paroles des Psaumes: «Par la voix des enfants, des tout-petits, je chanterai ta louange.»

L'histoire de Matteo doit-elle donc être connue, peut-elle servir, ou bien demeurer le plus possible en aparté?

Toi seul, Seigneur, connais la réponse; fais-moi comprendre!

Hier Matteo a adressé une étrange prière à Padre Pio.

Il est environ 16 heures. Matteo est en train de faire ses devoirs, assis à la table de la cuisine, et moi, à côté de lui, je plie le linge que je viens de ramasser.

Nous avons fini de lire depuis peu un mot que le Père Gerardo a envoyé à Matteo pour le remercier des vœux de bonne fête qu'il lui a adressés en notre nom à tous, le 16 octobre, à l'occasion de la Saint Gerardo Maiella.

Dans ce petit mot, le Père Gerardo le bénit et invoque sur lui et sur notre famille la bénédiction du Seigneur et celle de Padre Pio.

D'un coup, je sens un parfum très agréable et, machinalement, je m'approche d'un T-shirt que je suis en train de plier en pensant: «Cet adoucissant est excellent.»

Mais, en sentant cette odeur, je reste perplexe.

Ce n'est pas du T-shirt que provient cette odeur.

Je regarde autour de moi, mais il n'y a rien qui puisse dégager un tel parfum.

Je demande spontanément à Matteo s'il sent, lui aussi, une odeur particulière. Et Teo, tout en écrivant, me répond: «Oui, maman, il y a un parfum de roses.»

Mais à ce moment-là, moi je ne sens plus rien. Rien!

«Tu es sûr?

—Oui, maman, ça se sent», me répondit-il. Teo recommence à écrire, puis tout à coup il me dit: «Mais ce ne serait pas Padre Pio par hasard?».

Je suis émue en entendant cette phrase, si spontanée. Je ne sens plus rien, tandis que Matteo continue à me répéter: «Je sens un parfum de roses.»

Je me remets à grand-peine de cet émerveillement, car ces jours-ci je prie Padre Pio de ne pas me laisser seule, de me réconforter, de me faire sentir sa présence, maintenant que notre famille doit affronter les difficultés de ne pas vouloir apparaître publiquement; car, Antonio et moi, nous craignons que cela puisse nuire à Matteo et à Padre Pio, nous faisant apparaître comme de vulgaires profiteurs d'une grâce qui, en revanche, pour nous, est une immense grâce devant être vécue, en tant que telle, dans l'humilité et la discrétion.

Quoi qu'il en soit je mets de côté toutes mes pensées angoissées et je dis à Matteo: «Si Padre Pio est avec nous, si c'est lui qui veut nous faire comprendre qu'il est près de nous, nous ne pouvons que faire un signe de croix et prier.» Matteo fait un signe de croix de la main droite puis, les mains jointes, il dit spontanément: «Jésus, Padre Pio, ne faites plus mourir personne, faites que les autres ne se droguent pas et faites qu'il n'y ait plus de méchants sur la terre.»

Puis, avec un naturel surprenant, il recommence à écrire. Environ une heure plus tard, le téléphone sonne. C'est le Père Gerardo. Je n'attendais pas son coup de fil. Il m'appelle pour me demander si nous voulons aller avec lui à Rome pour remettre les dossiers. Je lui réponds que ce n'est pas possible. Antonio doit travailler en salle d'opération le lundi.

En réalité, la vraie raison est que je ne veux pas nous exposer. Car mon mari et moi voulons que toute l'étude sur le cas de Matteo se déroule dans la sérénité la plus totale, sans que notre présence puisse déchaîner des polémiques.

Des polémiques qui, d'ailleurs, ont déjà commencé, car Padre Pio a toujours été entravé et torpillé, aussi bien durant sa vie qu'après sa mort. Nous désirons que son triomphe, s'il advient, puisse être entier et limpide.

Notre miracle, le miracle pour ma famille, c'est «Matteo vivant». Et puis, pour nous, Padre Pio est saint depuis toujours. Il était déjà saint pour ma famille quand nous nous sommes adressés à lui pour lui demander d'intercéder et de prier pour le salut de Matteo. Pour moi, il était déjà saint quand j'ai décidé de vivre à San Giovanni Rotondo pour demeurer sous sa protection paternelle et pour lui confier ma famille naissante.

En tout cas, après avoir parlé de Rome avec le Père Gerardo, je décide de lui raconter ce qui est arrivé il y a moins d'une heure: l'étrange prière de Teo et le parfum.

Le Père Gerardo me répond: «Tout est possible. Le Seigneur se sert souvent des innocents pour faire passer ses messages. Hier, justement, j'ai été à Foggia célébrer l'Eucharistie pour mon typographe, mort à cause de la drogue.»

Mon cœur commence à battre, que veut dire tout cela? Matteo a peut-être été illuminé pour formuler cette prière si profonde, trop pour un enfant de sept ans qui était tranquillement en train de faire ses devoirs? Ou bien est-ce mon imagination qui court trop vite?

Il ne me reste plus qu'à me confier comme toujours au Seigneur, à sa bonté et à sa grâce, parce que sincèrement, comme être humain limité et pauvre, je suis confuse, mais comme croyante je sais que la grandeur de Dieu peut surpasser toute limite humaine.

«Seigneur, quels sont tes desseins sur nous?
Donne-nous la force d'accepter ta volonté!
Tu nous fais des dons immenses,
mais en échange tu demandes un chemin
si difficile et douloureux.
Loué sois tu!
Je me sens comme le centurion de Capharnaüm,
qui te dit: Seigneur, je ne suis pas digne
que tu entres sous mon toit,
mais dis seulement une parole
et mon serviteur sera guéri.
Et toi, Jésus, tu dis au centurion:
Va, qu'il soit fait selon ta foi.
Et à cet instant son serviteur guérit.
Maintenant, aide-moi à surmonter la difficulté de te suivre,
à avoir toujours la force
de te chercher à contre-courant,
de tenir nos vies unies,
avec ta Grâce.»

Le message de don Domenico
(24 octobre 2000)

Aujourd'hui je suis allée trouver don Domenico Labellarte. Avec lui, avec sa congrégation, nous avons beaucoup prié pour Matteo.

Maintenant il prie et fait prier beaucoup de gens pour la canonisation de Padre Pio. Il m'a fait remarquer que le Crucifix qu'il porte toujours avec lui et qu'il place toujours entre le pénitent et lui pendant les confessions lui a été donné par Padre Pio et que, grâce à ce Crucifix, beaucoup se sont convertis.

Son affection pour Padre Pio et sa connaissance de sa spiritualité sont énormes; il est fascinant de l'entendre parler de lui.

A un certain moment, il me dit: «Je crois que Padre Pio a choisi son hôpital pour cette guérison afin de donner un signe fort, car les médecins ont plus que jamais besoin de sentir sa présence. Car la "Casa Sollievo" était le grand amour terrestre de Padre Pio et parce qu'il a toujours lutté pour que cette institution soit un exemple de valeurs professionnelles et morales. Aujourd'hui, hélas, peu de médecins croient en lui et dans la mission de cette profession. Voilà, embrasse le Crucifix et demande à Jésus de vous rendre dignes, toi et ton mari, de l'amour qu'il vous a manifesté, puis demande à la Vierge de vous rendre meilleurs. Padre Pio pleurait devant Marie et lui demandait: "Ma chère petite maman, rends-moi comme toi".»

Comme c'est étrange! Pendant que don Domenico parle, je pense qu'il y a quelques nuits en arrière j'ai rêvé de la Vierge de Pompéi entourée d'une multitude de roses rouges. Peut-être parce que depuis la convalescence de Matteo je me promets de me rendre un jour en pèlerinage à Pompéi, en portant avec moi un bouquet de roses rouges, tout comme Padre Pio aimait que l'on fasse.

J'irai à Pompéi rendre grâces mais, certes, les roses les plus belles que Padre Pio veut que j'offre à la Vierge, ce sont mes bonnes actions quotidiennes: «les petites choses de chaque jour, faites-les bien», comme dit un de mes amis, don Biagio.

Et ces précieuses roses sont les plus difficiles à offrir!

Le message de sœur Teresa
(30 octobre 2000)

J'ai connu le frère et les sœurs de la congrégation qui ont célébré l'Eucharistie au cénacle Santa Chiara (Sainte-Claire), en l'honneur de sainte Thérèse de Lisieux.

Ils m'ont demandé de leur raconter l'aventure de Matteo et mes émotions. J'étais tendue, mais comme des familles étaient présentes, j'ai considéré qu'il était juste de décrire, de mon point de vue, ce qui s'était passé.

Mon amie Flavia était avec moi; quand j'eus fini de parler et que je suis retournée m'asseoir, Flavia était émue et je me suis rendu compte à cet instant que je ne me souvenais absolument plus de ce que j'avais dit. C'est comme si quelqu'un d'autre avait parlé à ma place et un frisson m'a parcouru.

Après la célébration j'ai salué sœur Teresa des Clarisses capucines. C'est une très chère amie pour moi, qui m'a donné beaucoup de force avant le réveil de Matteo et après aussi, durant tous ces derniers mois. Elle a été comme une grande sœur, forte de la grandeur du Seigneur, remplie de la paix sereine que donne la connaissance de Dieu.

Merci, sœur Teresa, merci de ton sourire,
et de tes paroles inspirées.
Merci pour la sérénité et pour le courage
qui m'envahissent après chacune de nos rencontres.
Merci à Padre Pio
qui t'a mise sur ma route,
pour me donner indirectement,
à travers la sérénité de ton esprit,
ses messages tant désirés,
qui me donnent la vigueur pour aller de l'avant
et continuer à vivre équilibrée
notre incroyable expérience.
Je crois fermement
que le Seigneur communique avec nous
et que pour cela il se sert des bonnes âmes
comme toi.

Voilà pourquoi je t'admire et je te dis:
«Heureuse sois-tu de réussir à comprendre plus que d'autres
le langage divin.»
C'est vrai que Padre Pio ne se refuse pas à ceux
qui l'appellent et toi, avec ta vie de prière
et ton message d'amour,
tu es une intermédiaire entre moi, d'autres comme moi,
désireux d'être des fils spirituels de Padre Pio
et lui, le grand frère affectueux,
le médiateur entre Dieu et les âmes.

Ton visage, tes paroles, chère sœur Teresa,
sont le point de départ
pour reprendre le difficile chemin du quotidien,
car tu réussis à me rappeler que Padre Pio
et le Christ avec lui
sont proches de nous par la charité et la prière.
Pour tout cela, merci!

Je veux raconter un des nombreux entretiens, rassurants et revigorants, que j'ai eus avec toi. Tu me disais: «Souviens-toi, Maria Lucia, que le Seigneur nous voit à travers le Christ. Le Christ est un filtre qui nous fait devenir tous beaux, aux yeux de Dieu. Son sacrifice et sa rédemption effacent nos péchés et ainsi le Seigneur, dans sa miséricorde, ne voit que notre foi, notre amour, nos efforts, parce qu'il nous voit à travers le Christ. Personne, en tant que pécheur, ne mériterait l'amour et l'aide de Dieu, mais Jésus, par son calvaire, se place entre nous et Dieu et, par le filtre de sa Passion, nous devenons merveilleux aux yeux du Tout-Puissant et dignes de ses grâces.

«Toi, désormais, tu appartiens au Seigneur. Padre Pio a aimé ta famille et Matteo en particulier, maintenant tu ne dois pas te tourmenter en demandant pourquoi! Tu dois seulement témoigner par ta vie la joie et l'espérance, sans peur, sans orgueil et sans doute. Ne dis plus "je n'en suis pas digne", ou encore "pourquoi moi". Le Seigneur choisit et c'est tout. Mais ensuite il veut un engagement et une ouverture du cœur, dans la sérénité et la confiance.»

Que puis-je te dire, sœur Teresa, en réponse à ces mots? Encore merci!

Ton amour pour le Seigneur a éclairé mon cœur angoissé. J'ai ainsi compris que je ne dois plus me poser de questions, mais seulement rendre grâces à Dieu et faire en sorte que ces grâces deviennent opérantes, à travers la prière et la charité incessantes, à travers un abandon total au Christ, afin qu'elles puissent se réaliser en projets que Dieu a sur chacun de nous.

Ta sécurité à croire et à soutenir que Padre Pio est un grand saint toujours prêt à écouter nos demandes d'aide et à les adresser au Seigneur a aussi rendu ma foi plus forte et m'a donné le courage d'espérer face à la mort, d'avoir confiance en un Dieu capable de vaincre même la mort.

Par ailleurs ne fut-ce pas ce même Jésus qui dit à ses apôtres: «En vérité je vous le dis, si votre foi est grande comme un grain de sénevé, vous pourrez dire à cette montagne déplace-toi et elle se déplacera, et rien ne vous sera impossible»?

Et toi, sœur Teresa, tant de fois tu m'as répété: «Le Seigneur a pour toi une affection particulière, il t'a bénie, il vous a tous bénis. Tu dois lui faire confiance avec sérénité, tu dois faire confiance à la Providence divine, rappelle-toi que les anges te regardent, ils nous regardent tous!»

Merci, Padre Pio,
parce que le dialogue avec toi ne s'est jamais interrompu,
dans la joie ou dans la douleur je te sens proche de moi;
parce que chaque fois que j'ai besoin
de mots ou de conseils,
tu m'envoies quelqu'un
pour exprimer matériellement
ton amour,
ton aide,
ta protection.
Que de merveilleuses rencontres tu m'as accordées,
et c'est pour cela,
j'en suis sûre,
que je t'ai connue, toi aussi, sœur Teresa.

Son sourire, sur ce visage juvénile, sur lequel le temps semble s'être arrêté et qui rayonne de paix et de sérénité, est pour moi une force régénératrice.

Quand, chère sœur Teresa, durant le déroulement du procès à Manfredonia, souvent je m'adressais à toi en te racontant combien le miracle de Matteo (parce que pour moi, pour toi, pour beaucoup d'autres le salut de Matteo a été dès le début le fruit de l'œuvre de Dieu et de l'intercession de Padre Pio) a été entravé par certains médecins qui avaient du mal à reconnaître la limite humaine et scientifique au-delà de laquelle seul le Christ peut agir, tu me rassurais en répétant: «Aie confiance en Dieu et en sa miséricorde! Et puis Padre Pio est au milieu de nous, il sait ce qui est juste et, si le salut de Matteo doit être la façon de parvenir à la sanctification, il nous fera surmonter tous les obstacles. Il faut seulement que nous ayons beaucoup de foi et que nous priions beaucoup.»

Seigneur,
Je te bénis et je te rends grâces
parce qu'en cette période
si difficile et si complexe de ma vie,
tu as mis près de moi des personnes merveilleuses,
et sœur Teresa est l'une d'elles.
Tu as mis près de moi des personnes,
qui m'ont transmis la force
de ne pas crouler ni succomber
sous l'extraordinaire et la grandeur
de ce qui est arrivé,
et d'aller de l'avant.

Le 24 octobre, sœur Teresa, derrière les grilles, m'a dit, précisément au moment de partir: «Ecris! Parle de l'Espérance, Padre Pio le veut! Ce que tu recueilles pour toi sur l'histoire de ton fils s'appellera l'Espérance et arrivera au cœur de plein de gens qui ont besoin d'espérer, de prier, pour recommencer à vivre.»

Voilà pourquoi je suis ici à raconter mes émotions, mon vécu, mon intimité, en espérant que cela puisse constituer un très humble service, mon action de grâces au Père et au paradis tout entier.

Ce qu'il advint en novembre 2000

A Rome, au Luna Park
(5 novembre 2000)

Matteo a demandé qu'on l'emmène au quartier de l'EUR, à Rome.

L'autre soir, pendant que nous dînions, il a dit: «Maman, si nous allons à Rome pour le Jubilé, tu dois m'emmener au Luna Park (parc de loisirs) pour voir la grotte de la mine avec la locomotive sur laquelle je suis passé avec Padre Pio».

—Bien sûr, lui ai-je répondu, nous t'emmènerons voir là où tu as été avec Padre Pio. Mais explique-moi quelque chose de plus de ce vol. Il faisait jour ou il faisait nuit? Quand êtes-vous allés à Rome?

—Je ne sais pas, m'a répondu Teo, sûr de lui, «car le rêve était en noir et blanc. Quand j'étais à l'hôpital, je voyais tout en couleurs, même Padre Pio et les anges. Quand j'ai volé pour aller à Rome, tout était en noir et blanc et donc je ne sais pas s'il faisait jour ou nuit. Mais je suis sûr que nous sommes passés au-dessus de la grotte.»

Antonio et moi, nous nous sommes regardés étonnés. Et je me suis demandé: «Si Matteo n'avait pas vu ou rêvé ce qu'il raconte, comment pourrait-il être aussi précis? Seigneur, humblement merci parce que chaque jour tu me fais vivre tes immenses et extraordinaires merveilles à travers les paroles innocentes de mon fils.»

Et pourtant, sur tout cela, il existe toujours une ombre, l'ombre de ceux qui te demandent: «Pourquoi pas à moi?».

Avant-hier, dans la rue, une dame que je connais à peine et qui, comme beaucoup, a prié pour Teo, m'a demandé, me laissant de marbre: «Pourquoi ce bonheur vous est-il arrivé à vous? Pourquoi le Seigneur a-t-il écouté vos prières? Il y a tant de mamans qui ont prié comme toi et leurs enfants sont morts!»

Je suis restée hébétée devant cette question.

Je sais que je suis pire que beaucoup de mères.

Mais que dire! Je ne peux que remercier du don immense de la grâce de Dieu, dont nous devrons témoigner dorénavant par nos paroles, nos pensées, et surtout par l'engagement de notre vie. Une vie touchée et transformée par le don immense de la guérison de mon fils.

Guérison pour laquelle je sens que je dois communiquer l'espérance, même si je ne peux pas pénétrer dans le mystère de Dieu qui, sans mérite de notre part, nous a fait grâce.

Je ne peux rien faire d'autre que cela: rendre grâces et dire à d'autres d'espérer.

Avant la maladie de Matteo, je louais le Seigneur pour la beauté de la création et pour les grâces qu'il accorde quotidiennement à chacun de nous. Mais maintenant, la conscience du caractère extraordinaire de l'existence est complète.

J'ai appris à vivre le présent, à m'arrêter pour jouir de l'instant: du coucher de soleil, de la pluie, du soleil, des fleurs, des étoiles, du silence et du vacarme des enfants, de la maison, du travail, du sourire de mes enfants.

Chaque petite chose insignifiante pour d'autres me semble splendide, comme le dit saint Jean de la Croix: «L'aimé, ce sont les montagnes, les vallées solitaires et riches d'ombre, les îles lointaines, les eaux bruissantes, le sifflement des souffles amoureux.»

En outre, je crois avoir vraiment compris ce que veut dire vivre dans la douceur et l'humilité, dans l'espérance, dans la foi et dans la charité.

Vivre dans la douceur et l'humilité, car je ne peux qu'être prostrée devant le Seigneur parce qu'il a tourné son regard vers nous, si indignes, et vivre cette action de grâces dans le difficile, parfois presque impossible effort, de tenter d'être meilleurs chaque jour.

Vivre l'espérance, la foi et la charité parce que j'ai fait l'expérience que la foi est si puissante qu'elle parvient à rendre réelles les espérances et l'espérance réalisée devient louange d'action de grâces par l'application quotidienne de la charité. J'ai compris le sens des mots «Divine Providence».

Et je ne peux que frapper à la porte d'autres cœurs et dire: «Aie confiance en la miséricorde de Dieu contre toute espérance.»

A ceux qui me demandent donc pourquoi Matteo, je ne peux que répondre, comme me l'a suggéré sœur Teresa, que le Seigneur accorde ses dons sans explication, selon ses desseins insondables.

Je ne peux que répondre, en rappelant le fonctionnement réel de l'Evangile auquel Jésus, face à la demande de sauver son fils moribond, répond: «Si vous ne voyez ni signes ni prodiges, vous ne croyez pas.» Mais le fonctionnaire du roi insiste: «Seigneur, descends avant que mon enfant ne meure.» Et Jésus lui répond: «Va, ton fils est vivant.»

C'est la Parole de Dieu, c'est lui qui nous dit ces choses, et c'est lui qui a accompli un autre prodige en Matteo.

Quoi qu'il en soit, aujourd'hui nous sommes allés à l'EUR, au Luna Park.

Matteo a trouvé et reconnu la grotte de la mine au-dessus de laquelle, dit-il, il est passé avec Padre Pio. Il a fait un tour de manège avec son papa, Alessandro et ses camarades, Amilcare, Antonio et Pio.

Quand il est descendu, je lui ai demandé s'il était sûr que c'était le manège au-dessus duquel il était passé dans le rêve. Il m'a répondu: «Oui, je suis passé au-dessus, plus haut que les arbres, tandis que je volais avec Padre Pio. J'en suis sûr, c'est bien lui.»

Comme cela m'arrive souvent, désormais, je suis restée muette.

Je n'ai pas de commentaires à faire, je ne peux que confier ce qui s'est passé au Seigneur et affirmer l'avoir décrit avec une sincérité absolue.

Il me vient à l'esprit une autre lettre de la *Correspondance*, adressée cette fois à Lauretta Albanese, où Padre Pio écrit ceci: «Le Seigneur voulait que vous aussi, comme Abraham qui sacrifia son propre fils dans son cœur pour ne pas désobéir à Dieu, il voulait, dis-je, que vous aussi quand vous n'aviez plus qu'à lui sacrifier que votre fils, vous ayez la nouvelle du salut de ce fils, comme l'ange de Dieu sauva le fils d'Abraham.»

Je veux également rappeler une invocation que Padre Pio adresse à l'Enfant Jésus en période de Noël et je prie Dieu qu'elle devienne notre façon de dire merci: «O Jésus, daigne transformer nos cœurs, comme tu as transformé ceux des Saints Mages et fais encore que nos cœurs, ne pouvant pas contenir les ardeurs de ta Charité, te manifestent aux âmes de nos frères pour les conquérir... Fais que ne pouvant pas contenir la communication de ta Divine Charité, nous prêchions par notre exemple et par nos œuvres ta divine Royauté.»

Pour conclure sur le voyage à Rome, le soir, une fois rentrés à la maison, Matteo me dit une chose étrange: «Maman, quand Padre Pio et moi avons volé au-dessus de Rome et sommes allés à l'hôpital pour guérir l'enfant, nous sommes entrés par la fenêtre parce que nous étions transparents, puisque nous étions morts.»

Comme toujours, je reste sans voix; je ne fais pas de commentaires, mais au-dedans de moi j'élabore que Matteo est trop petit pour pouvoir réaliser et exprimer avec une telle immédiateté et conscience le sens de la mort, d'une situation si paradoxale, qui ne peut pas être comprise, à cet âge-là, sinon à travers l'expérience directe.

Et je me demande ce qui s'est vraiment passé!

Je me demande si la situation de Matteo fut une véritable situation de pré-mort, avec la réalisation d'une rencontre où le temps, l'espace et la matière ont une signification différente de celle de l'humanité normale, une autre dimension, en somme, celle de la rencontre avec les anges, avec le transcendant.

La photo de Padre Pio
(12 novembre 2000)

Ce soir, à la télévision, on passe le film sur Padre Pio avec Michele Placido.

Michele Lombardi, mon ami menuisier, est parti depuis peu.

Il a voulu relire ce qui était écrit derrière la photo qu'il m'a apportée le jour où Matteo s'est réveillé.

Michele a en commun avec moi la ferme conviction que rien n'arrive par hasard et que cette photo qu'il possédait m'était probablement destinée.

Je lui ai demandé de me faire savoir qui est la Lucia à laquelle étaient adressés les mots de Padre Pio.

Avant de mourir, cette Lucia avait offert à la femme de Michele, Angela, plusieurs photos de Padre Pio, notamment celle avec l'Enfant Jésus que je conserve désormais.

Pendant longtemps, Angela l'avait exposée, appuyée sur l'extérieur d'un cadre et, n'ayant pas d'enfants, elle s'adressait continuellement à cette photo pour demander à Padre Pio: «Je t'en prie, cet enfant que tu tiens dans les bras, donne-le moi!»

Un beau jour, Michele retira la photo et la plaça dans un tiroir car il pensait qu'ainsi exposée elle s'abîmerait, que cette photo devait avoir — en raison de la dédicace postérieure — une signification particulière et qu'elle était destinée à quelqu'un.

Souvent, par la suite, il ouvrira ce tiroir pour se demander ce que veulent dire ces mots écrits par Padre Pio.

Nous arrivons ainsi au 31 janvier, quand Michele, ayant appris que Matteo était dans le coma et que je demandais incessamment l'aide de la prière, avait rouvert le tiroir, pris la photo de Padre Pio et relu les mots écrits à l'arrière.

Il fut alors convaincu que ces mots m'étaient adressés, et que cette Lucia pouvait être moi, la seconde Lucia pour laquelle ces phrases de réconfort pouvaient avoir un sens, des mots écrits pour me consoler et me soutenir.

Et il en fut ainsi!

Ce soir, Michele a voulu relire ces mots, derrière la photo. Il est convaincu que quelque chose se réalisera encore en raison de l'expression: «le jour de ta fête». Il me dit: «Et si Padre Pio, inspiré par Dieu, avait écrit ces mots en sachant que cela serait arrivé un jour à ton fils?».

Cela semble une thèse fantaisiste, mais il me vient à l'esprit un épisode que l'on raconte, lorsque Padre Pio, ayant reçu la lettre de l'évêque de Cracovie, Mgr Wojtyla, déclara: «Mettez-la de côté, un jour elle sera importante.»

Michele possède une foi extraordinaire et totale et je m'aperçois que je partage instinctivement et silencieusement ses suppositions.

D'ailleurs, il leur est arrivé quelque chose d'incroyable, à Angela et à lui, quand ils ont adopté leur fils Yuri.

Angela avait emporté avec elle, en Russie, cette fameuse photo de Padre Pio.

Mais avant de partir, ou plutôt avant que tous les deux sachent qu'ils devaient partir en Russie, Michele avait fait un rêve étrange.

Il vit un médecin qui venait à sa rencontre et lui plaçait entre les bras un enfant dans les langes, en répétant: «Iura, Iura».

Réveillé, Michele pensa que *iura* était une expression en dialecte voulant dire «Giura», c'est-à-dire «Jure» et il n'y prêta pas plus d'attention que cela.

Mais quand il se rendit en Russie avec sa femme pour l'adoption, une fois arrivé à l'hôpital pour connaître l'enfant, il vit venir à lui un médecin qui portait dans ses bras un nouveau-né dans les langes.

Arrivé devant eux, le médecin répéta à deux reprises: «Iura, Iura».

Iura était simplement et incroyablement le nom de l'enfant qui est ensuite devenu leur fils adoptif et qui, en italien, est appelé Yuri.

Ce soir, quand Michele m'a fait remarquer soigneusement les mots «Chère Lucia, je te souhaite une sainte fête», je me suis demandé ce qu'il arrivera par la suite, ce qu'il faut bien pouvoir lire entre les lignes.

Je suis peut-être folle, mais plus je relis cette phrase et plus prend corps en moi la conscience que Padre Pio voulut, en cette lointaine année 1955, alors que je n'étais pas encore née, prophétiser quelque chose de précis.

Je me demande si sa sanctification arrivera, si elle pourra se faire en décembre, le mois de ma fête pour rendre précisément ma fête «sainte», effectivement et magiquement, ou si du moins on aura ce jour-là des nouvelles importantes sur le décret concernant le miracle.

Seul le temps me répondra, pourra confirmer ou infirmer ma «folie», ma folle confiance, irrationnelle, dans les signes.

Ce qu'il advint en décembre 2000

Don Biagio, un vrai prêtre
(19 décembre 2000)

Cher Padre Pio, je veux te remercier pour un autre don immense que le Seigneur m'a fait par ton intercession. Ce soir, Alessandro m'a dit: «C'est bien qu'une personne comme don Biagio soit notre ami et nous aime tant».

Cette phrase de mon fils est très douce et dense de signification; c'est merveilleux qu'un petit garçon de douze ans comprenne le sens profond de la rencontre avec don Biagio. Nous avons passé avec lui des moments de sérénité, imprégnés d'une forte affection purement spirituelle.

Quand Matteo allait mal, cher Padre Pio, je m'adressais à lui, regrettant que tu ne sois pas vivant et avec moi, pour me donner la force ou la résignation.

J'enrageais presque en pensant à tous les fils spirituels qui avaient vécu dans ton ombre, rassurés par tes conseils et que tu guidais.

Moi, en revanche, je me sentais orpheline, irrémédiablement orpheline de ce grand-père aimant, et en même temps je te suppliais: «Envoie-moi un père spirituel qui me soutienne dans ce drame, envoie-moi quelqu'un qui guide mon âme, qui m'aide à supporter la douleur, au nom de Dieu.»

Don Biagio est arrivé mystérieusement, ou peut-être miraculeusement.

Il n'a jamais voulu que je parle de notre rencontre, de notre amitié.

Mais maintenant qu'il est un homme libre, je veux le remercier de la prière qu'il a voulu faire, incessante, pour Matteo, des offrandes pour sa guérison, du soutien qu'il m'a apporté et de la paix et de la sérénité qu'il a su apporter dans ma famille, comme homme de Dieu.

Sa vie, don Biagio, a voulu la consacrer à l'écoute, à la prière, à l'offrande de soi, pour soutenir et consoler la souffrance des autres.

Pour moi, c'est un vrai prêtre, comme il en faudrait tant, incapable de refuser une parole de réconfort, un petit sacrifice, un sourire. C'est un père spirituel, qui souffre avec ses enfants, qui les accueille, les absout et les pousse dans les bras de Dieu, car Dieu est avec lui, comme avec toutes les bonnes âmes.

Conduire au Seigneur est le but d'une vie consacrée au sacerdoce, et comme don Biagio réussit à le faire avec humilité, avec simplicité, mais aussi avec une grande force, je crois que c'est un saint prêtre. Toi, Padre Pio, tu l'as mis sur ma route, au temps de ma détresse, pour qu'il m'aide à accepter la douleur et la volonté de Dieu et, en même temps, pour qu'il m'accompagne dans la prière pour demander d'éloigner, si possible, le calice de la souffrance.

Maintenant c'est moi qui veux prier avec toi pour lui, afin que l'Esprit Saint le guide dans sa mission pastorale et apostolique, et qu'il puisse être encore longtemps, et pour beaucoup de gens, un père spirituel aimant et fort, capable de faire grandir la foi et l'espérance en la Parole de Dieu.

L'humilité et la douceur avec lesquelles don Biagio écoute ou répond, le réconfort qu'il parvient à donner avec quelques paroles, mais des paroles profondes, la force qu'il insuffle à la prière et l'élan qu'il réussit à transmettre pour aller vers Jésus et Marie, vers l'Evangile, donnent à ceux qui le connaissent la sérénité pour espérer ou pour accepter la volonté de Dieu; tout cela est apostolat, témoignage, grand amour du Seigneur, don au service de l'homme qui construit la paix et renforce la foi.

L'écriture de Matteo
(25 décembre 2000)

C'est le plus beau jour de l'année: la naissance du Christ. C'est le Noël du Jubilé.

Pour moi, c'est un Noël spécial, très spécial.

Pendant la messe je n'ai pas pu retenir mes larmes, comme souvent, très souvent, cela s'est produit cette année.

Encore une fois des larmes de joie qui ont sillonné mon visage, comme la maladie et la guérison de Matteo ont tracé leur sillon d'une manière indélébile dans mon âme.

Pour moi, c'est un bonheur entier, car mon fils a été rendu à la vie et ainsi tout ce qui m'entoure m'apparaît splendide et nouveau.

Je pense avec douleur à tous les enfants qui aujourd'hui, au lieu de faire la fête, souffrent et offrent leur croix à l'humanité.

Ce mystère de la croix et de la douleur pour lequel je ne voudrais jamais arrêter de prier, pour que la douleur de quelqu'un puisse être au moins un peu soulagée.

J'ai encore cherché le grand cahier dans lequel Matteo, il y a un an, avait écrit, en classe, son désir de connaître Jésus, pour le relire et réfléchir.

Jésus, Matteo l'a connu, puis il m'a été rendu pour témoigner.

Je conserve aussi deux pages écrites par Matteo après sa maladie, cet été, de retour de la mer, quand il ne pouvait pas encore s'exposer au soleil à cause de ses cicatrices trop récentes, quand il a dû subir les regards curieux des autres enfants, les questions impitoyables des enfants de son âge, quand j'ai compris encore mieux la douleur des parents de ceux qui sont ou qui se sentent différents, qui voient leurs enfants montrés du doigt comme des bêtes rares.

J'espère que mes paroles à cet égard conduiront ceux qui les liront, adultes ou enfants, à développer cette délicatesse du silence, qui peut aider ceux qui ont des problèmes visibles physiques ou mentaux à ne pas se sentir différents, marginalisés, refusés, scrutés.

J'ai dû plusieurs fois consoler les pleurs de mon fils, traité d'«enfant cicatrices» ou de «monstre brûlé», de mon fils tenu à distance parce que les autres enfants criaient: «Quelle horreur! Regardez ce qu'il a, comme il est laid!»

J'ai offert sa douleur et la mienne pour tous les enfants désavantagés, pour tous les enfants qui luttent encore pour les traces de leurs maladies.

Apprendre à supporter la curiosité et la cruauté des autres, après avoir tant souffert, a été une entreprise difficile qui nous a demandé beaucoup d'énergie mais qui, en même temps, m'a poussée à choisir de lutter avec plus de détermination pour des parents ou des enfants qui ont moins de force que nous.

«Je n'avais ni guide, ni lumière, en dehors de celle qui resplendissait dans mon cœur, cette lumière me guidait plus sûrement que la splendeur méridienne du lieu où m'attendait Celui qui me connaît parfaitement.»

Dans l'encart photographique de ce livre se trouvent quelques pages écrites par Matteo avant et après sa maladie. Malgré le drame et le choc vécus, son écriture est presque identique et ses capacités sont intactes. Je crois qu'il ne peut y avoir d'autres témoignages plus sûrs et plus sincères que les résultats scolaires de Matteo pour démontrer l'absence totale de séquelles au niveau intellectuel. Il en va de même du témoignage des enseignants, qui me racontèrent, comme ils le firent au procès diocésain, que Matteo réussit à faire excellemment un devoir sur les multiplications et les divisions, sujets qu'il n'avait pas pu suivre à cause de ses absences et pour lesquels il réussit à remettre en temps voulu et sans erreurs le devoir assigné. Je rapporte ci-dessous leur relation officielle.

Scuola Elementare Statale — I circolo
Plesso «F. Forgione» — San Giovanni Rotondo

L'élève Matteo Colella, qui fréquente la seconde classe de l'Ecole élémentaire «F. Forgione», est rentré le 1er avril 2000 après une absence prolongée due à de graves motifs de santé, commencée le 20 janvier.

La reprise scolaire s'est déroulée sereinement et sans aucune difficulté.

Matteo continue à manifester d'excellentes capacités déjà évidentes durant la période scolaire précédente, grâce auxquelles il a pu récupérer rapidement les sujets traités durant son absence.

A l'école, son attention et son engagement sont constants, il suit avec profit et apporte toujours une importante contribution aux activités proposées.

Les résultats obtenus jusqu'à présent dans les diverses disciplines sont excellents.

Il faut relever un épisode singulier. Le 9 mai, les élèves ont été soumis à une interrogation écrite de mathématique sur la division qui prévoyait aussi l'opération inverse: la multiplication, qui avait été traitée durant la période d'absence de Matteo.

L'élève a été en mesure de porter correctement à terme ce devoir, il a été le quatrième élève à le consigner, bien qu'ayant été absent le jour précédent où un travail de récapitulation et d'approfondissement avait été fait sur ce thème.

Ses rapports avec les enseignants et les camarades continuent d'être ouverts et pleins de vie.

Il connaît et répète les règles du jeu de groupe et participe avec enthousiasme aux diverses activités gymniques proposées.

12 mai 2000
Les enseignants: G. Bisceglia
P. Cascavilla
C. Centra

La fête de la Famille
(31 décembre 2000)

Nous avons été à la messe à l'ITCA, dans la petite chapelle des tertiaires «Amigoniani».

Nous étions tous les quatre: Antonio, Alessandro, Matteo et moi.

Aujourd'hui c'est la fête de la Famille; nous avons communié et cela m'a fait sentir, à travers le Christ, encore plus proche de mon mari et de mes enfants. Matteo, qui d'ordinaire n'aime pas se mettre en avant ou monter à l'autel, m'a demandé de servir la messe comme enfant de chœur.

C'était émouvant de le voir près du prêtre avec les ornements dorés pour la fête de Noël.

C'était beau de le voir embrasser l'Enfant Jésus.

Et puis la première lecture du livre de Samuel: Anne qui offre son fils au Seigneur, parce qu'elle l'avait eu, l'avait conçu et enfanté après d'insistantes prières et qu'elle estimait juste de le lui offrir.

Ces mots m'ont serré le cœur.

Moi aussi, suppliant le Christ durant la maladie de Matteo, je le lui ai offert: «Seigneur, tu as tant d'anges, je t'en prie, si tu le veux, laisse-le sur la terre cet ange-là, qu'il soit à toi, qu'il vive pour toi, mais fais-le vivre.»

Quand la messe touchait à sa fin, avant la bénédiction, de manière inattendue le Père Salvatore a dit: «Aujourd'hui c'est la fête de la Famille et donc je crois pouvoir dire avec vous un *Ave Maria* d'action de grâces au Seigneur pour Matteo, pour sa guérison et pour sa famille. Aujourd'hui, précisément à l'occasion de la fête de la Famille, Matteo est ici avec ses parents et son petit frère. J'ai eu l'espérance de le voir guéri, à l'autel, et le Seigneur nous a donné cette joie.»

Ma famille est réunie, j'espère que le Seigneur voudra la conserver et qu'à travers la prière communautaire il voudra conserver, protéger, guider toutes les familles nées sous sa bénédiction, dans la conviction que dans chacune d'elles la paix jaillit de la recherche et de l'accueil de la grâce de Dieu, lien indispensable pour l'indissolubilité du sacrement.

Et toi, Jésus, tâche d'être le pont qui unit, l'amour immense où les rancœurs et les incompréhensions que comporte la vie en commun s'effacent; accorde ta bénédiction régénératrice afin de ne pas s'attarder sur ce qui sépare mais plutôt de regarder ce qui unit et que chaque couple, chaque foyer, trouve en ton Nom le sens pour reconstruire ce que ton ennemi éternel et sournois cherche à détruire.

Ce qu'il advint en janvier 2001

Wilson
(5 janvier 2001)

Aujourd'hui Wilson nous a quittés; c'était un petit ange albanais descendu sur la terre pour nous apprendre que l'amour n'a pas de frontières, que la foi n'a pas de nationalité, que la dignité a le visage de deux parents détruits par la douleur, mais les yeux éternellement tournés vers le ciel, en prière.

Je me souviendrai toujours de son regard de faon éperdu et son chapelet entre ses petites mains décharnées.

Je me souviendrai de ses sourires limpides et mélancoliques qu'il nous a offerts le jour de son baptême, quand, par une étrange coïncidence, il a demandé de s'appeler pour l'Eglise «Matteo» — don de Dieu —, don de Dieu comme mon Matteo.

Wilson nous a quittés un an après la maladie de Matteo; il a rejoint le ciel, l'éternité, le bonheur sans fin, sans aucun doute sans passer par le purgatoire qu'il a expié sur la terre, souffrant d'une manière indicible et avec une retenue héroïque. Aujourd'hui j'ai prié pour lui, j'ai participé à l'Eucharistie pour lui et, durant la consécration, les yeux clos, je l'ai imaginé tenant la main de Padre Pio, tous deux dirigés vers la lumière immense, vers la paix totale du Christ.

Mon fils Matteo, en apprenant sa mort, a tressailli, les mains jointes, en prière, puis il m'a dit: «Je veux demander un cadeau spécial à Jésus, pour la fête de l'Epiphanie, qu'il sauve au moins un enfant, un enfant quelque part sur la terre. Tu crois qu'il m'exaucera?».

«Je crois que oui!», lui ai-je répondu, émue: «Tu demandes une très belle chose, tu verras que Jésus est très bon, il te fera ce cadeau, demain un autre enfant sera sauvé, comme toi!»

Wilson et Matteo, deux âmes innocentes, deux instruments dans les mains de Dieu.

Matteo, le signe du miracle, pour croire en la puissance de Dieu, en sa force qui défie et surpasse les lois de la nature, la mort; Wilson, la victime immolée, comme Padre Pio, comme d'autres martyrs, afin que nos péchés soient pardonnés, à travers leur souffrance innocente, afin que nous devenions meilleurs.

Seigneur, j'incline humblement ma tête et je te demande pardon pour la souffrance de tous ceux que tu as choisis pour notre rédemption.

Seigneur, j'embrasse la terre et je te remercie du don sans fin de la vie de Matteo que j'entends bavarder vivement dans l'autre pièce.

Seigneur, fais que le fleuve de mots et de pensées qui m'a accompagnée durant toute cette année m'aide dans la vie future et aide ceux qui les liront à poursuivre, plus consciemment, avec plus d'amour, avec plus de foi, le difficile chemin qui conduit à toi.

Fais que l'histoire de notre famille puisse être source d'espérance pour beaucoup, puisse rappeler à ceux qui n'aiment pas ou qui gâchent leur vie, que cette aventure est en revanche une aventure merveilleuse dont il faut jouir instant après instant, dans la simplicité et dans la beauté des choses les plus petites, dans le regard de leur enfant, dans le silence de la nuit, dans le bruit furieux du vent, dans le jour qui commence et se colore, dans l'obscurité réparatrice, dans un sourire, dans la normalité goûtée comme une chose exceptionnelle, dans l'instant savouré pour dilater le temps, pour construire la longueur de la vie.

J'ai appris à tout regarder avec des yeux différents, j'ai vraiment appris quel grand cadeau c'est que de pouvoir se lever, parler, manger, travailler, de pouvoir s'arrêter pour se reposer ou pour penser, ou pour regarder mes enfants jouer.

J'ai appris que chaque seconde est unique, que dans l'instant vécu réside le miracle de l'éternité et je ne veux rien perdre de ce que le Seigneur voudra m'accorder, dans le doute, dans l'insatisfaction, dans l'ennui.

Tandis que j'écris ces lignes, je lève de temps à autre les yeux vers la montagne, cette montagne du Gargano si chère à Padre Pio.

Il pleut. Les gouttes ruissellent le long des vitres de la fenêtre, le ciel est gris.

Il règne un silence absolu et une paix en ce lieu. Je pense au nombre de fois où Padre Pio aura regardé ces cimes dénudées en contact avec le ciel, avec l'infini, et je me dis que c'est une chance de pouvoir jouir de ce paysage qu'il a aimé, de vivre dans les lieux qu'il a bénis de son sang.

A ma droite, j'ai une de ses photos dans un cadre en bois.

C'est une photo insolite, qui me plaît beaucoup parce que son visage est souriant, serein, et à chaque fois que je la regarde mon cœur s'ouvre.

En un instant, j'ai devant moi cette terrible nuit du 20 janvier 2000 et je reprends conscience que j'aurais pu devoir enterrer Matteo; je revis ce déchirement du corps et de l'âme, mon cri ininterrompu vers Jésus et Marie, l'offrande de ma vie en échange de la sienne, le vide de sa chambre et du monde sans mon fils, la longueur déchirante des secondes de l'attente.

Puis je me reprends, j'essuie mes larmes, je regarde à nouveau dehors, le ciel maussade et la montagne immobile et je me dis qu'avec Matteo même le gris d'une journée d'hiver devient très beau.

Je veux le dire à tous ceux qui, sans problèmes réels, ne parviennent pas à jouir de la beauté d'une existence sereine, à ceux qui cherchent dans les bizarreries, dans le risque, un bonheur qui, en revanche, réside dans le fait de savoir décomposer en petites choses extraordinaires l'apparente banalité de l'ordinaire.

Cela m'est arrivé et, quand ma nature humaine, faible, capricieuse, malgré la très grande expérience que j'ai vécue, voudrait se laisser transporter par les sentiments d'impatience, de revanche, d'angoisse, de prévarication, je me souviens de cette nuit-là, je confie à la miséricorde de Dieu mes faiblesses et je retrouve la paix de l'âme.

En d'autres temps, les obstacles plus ou moins graves du quotidien m'ont ou m'auraient amenée à fuir, à revendiquer. Maintenant, malgré les énormes difficultés de mon terrain limité, je m'adresse à Jésus et je lui demande d'être près de moi avec sa force et son amour pour aller de l'avant, pour témoigner de sa présence par un changement difficile mais senti et désiré.

Je confie à l'Eucharistie mes doutes, mes peurs, mes faiblesses, mon néant, je m'unis au Christ dans la Consécration, sûre que durant son sacrifice nous pouvons demander le soutien, la paix et toutes les autres choses. Je parviens ainsi à regarder la réalité avec un regard différent et une force insoupçonnable, qui me vient précisément du Christ, me permet de me dégager des faux problèmes et de louer Dieu pour les beautés qui m'ont été concédées.

C'est un chemin difficile, mais absolument nécessaire pour ceux qui ont vécu, comme moi, l'expérience de recevoir du Seigneur un don immense et qui sentent l'obligation de témoigner d'une réalité pénible mais merveilleuse, de foi et d'amour.

Seigneur, comme je suis petite! Aide-moi à devenir meilleure, enseigne-moi à apporter la joie, à aimer!

«Oui, mon Bien-Aimé, ma vie se consumera ainsi. Je n'ai pas d'autres moyens de te prouver mon amour, sinon de jeter des fleurs, de ne laisser passer aucun petit sacrifice, aucune attention, aucun mot, et de profiter de toutes les petites choses, et le faire par amour... Je veux souffrir par amour et aussi jouir par amour, ainsi je jetterai des fleurs devant ton trône» (sainte Thérèse de l'Enfant-Jésus).

Sur la tombe de Padre Pio
(21 janvier 2001)

Hier, cela a fait un an que Matteo est tombé malade et ce souvenir ne me quitte pas un instant.

Chaque minute qui passait était un *flash* sur ce qui s'était passé, chaque heure rythmait la succession d'événements douloureux de ce jour fatidique.

Je ressentais en moi une mélancolie mêlée à la joie de regarder Matteo.

Puis, à 20 h 30, je suis allée prier avec mon frère et ma belle-sœur sur la tombe de Padre Pio; je me suis agenouillée sur ce bloc froid et sombre et j'ai baissé la tête pour me sentir plus proche de Padre Pio, car je voulais que mon remerciement en silence résonne à travers cette pierre froide dans tout le paradis.

J'ai répété dans mon cœur merci et merci et merci et puis pardon pour mes misères, pour mes limites, pour mon indignité.

J'aurais voulu demeurer là toute la nuit, à genoux, à répéter à Padre Pio de porter ma louange au Seigneur, à prier pour tous ceux, grands et petits, qui souffrent cruellement en ce moment et qui luttent.

J'ai senti sous mes mains, dans ce bloc monolithique, la force, l'amour de Padre Pio pour le monde entier.

A genoux, dans la crypte, je me sens heureuse, je perds ma dimension humaine, je vis une joie et une paix immenses qui me donnent la force de retourner dans le monde pour recommencer à lutter, à vivre, à témoigner.

Et puis aujourd'hui j'ai eu mon plus beau cadeau: don Biagio a célébré juste ici, dans la crypte, une messe d'action de grâces pour Matteo.

La crypte était bondée d'amis, les mêmes qui, un an plus tôt, m'avaient entourée par l'affection de leur prière.

L'action de grâces a été faite discrètement, sans prononcer de noms: une célébration rendue spéciale par l'émotion de don Biagio au moment de la Consécration.

Ses larmes m'ont fait percevoir physiquement la présence du Christ dans cette hostie et au milieu de nous.

J'ai compris encore plus profondément les paroles du Christ: «Lorsque deux ou trois sont réunis en mon nom, je suis au milieu d'eux.»

J'ai regardé Matteo et j'ai pleinement réalisé que le Christ, qui était venu au milieu de nous il y a un an en priant, appelé par notre prière commune, est aujourd'hui au milieu de nous en priant.

Le 21 janvier 2000 Matteo, comme Lazare, avait quitté la vie; aujourd'hui, comme Lazare, il écoute en souriant les paroles de son ami extraordinaire, don Biagio, l'homme de Dieu qui m'a soutenue, réconfortée, guidée, qui a choisi d'entrer sur la pointe des pieds dans notre vie, dans notre maison, pour nous aider à vivre avec modestie, avec dignité, le grand et difficile don que le Christ a voulu nous accorder.

Après la messe, nous sommes allés dans la petite chapelle de Raffaelina Cerase, où don Biagio a salué amis et inconnus, offrant à chacun un mot de réconfort et d'espérance.

Quand il est passé devant moi, j'ai senti un parfum très fort, presque nauséabond, de roses; cela n'a duré qu'un instant, mais avec une intensité indescriptible.

Roberto, mon ami architecte, qui a perdu depuis des années la sensibilité olfactive, a perçu lui aussi très fortement cette odeur de roses.

Depuis quelques jours je demandais avec insistance à Padre Pio de sentir une dernière fois ce merveilleux et indescriptible parfum qui, durant toute cette année, dans les moments de grand besoin, m'avait réconfortée. Mais rien!

Et ce soir, le cadeau.

Je me demande quel lien il y a entre Padre Pio et don Biagio; je me le demande, mais, en réalité, au-dedans de moi, j'ai déjà une réponse.

Je crois que Padre Pio se sert de lui pour dispenser ses messages, pour répandre ses grâces.

Est-ce une folie de croire cela? Peut-être, mais une voix en moi me dit que les coïncidences sont trop nombreuses qui lient la vie de Matteo non seulement à Padre Pio, mais aussi à cet homme simple et réservé, à cet homme de Dieu, d'une grande humilité, qui réussit à donner force et courage à tous ceux qui l'approchent.

Quand Matteo allait mal, je m'en prenais à Padre Pio, comme je l'ai déjà décrit. Oui, c'est comme ça, je lui en voulais car, me considérant comme une de ses filles spirituelles, je sentais que ses conseils me manquaient, ceux qu'il avait dispensés pendant sa vie à ses fils qui l'entouraient.

Alors je me répétais: «Envoie-moi quelqu'un qui me réconforte, qui m'écoute, comme tu le faisais, je t'en prie, je ne peux pas entendre ta voix.»

Et il est arrivé, lui, don Biagio, exactement le 22 janvier 2000.

Par téléphone, il a commencé à me donner la force, à rendre ma foi plus solide, ma prière plus sentie.

Le 22 janvier, c'est aussi la date de son anniversaire et, ce soir, nous l'avons fêté avec lui, avec deux de ses amis, Anna et Carlo, avec Grazia et son mari Pasquale. Il y a un an, Grazia m'avait donné son numéro de téléphone pour qu'il me donne du courage.

C'est avec Grazia que nous nous sommes souvenues des mots répétés dans les vestiaires du laboratoire d'analyses: «Tu verras, Matteo va s'en sortir, Padre Pio a besoin d'un miracle pour devenir saint.»

Et moi: «Je voudrais pouvoir témoigner de la guérison impossible de mon fils, tu sais, j'écris, j'ai ce don, je voudrais pouvoir raconter par écrit que mon fils s'en est tiré!»

Grazia et moi, nous semblions deux exaltées dans cet endroit étroit et suffoquant, deux mamans folles de douleur, et je me demande avec le recul qui a bien pu m'inspirer des mots aussi inopportuns dans cette situation de drame atroce et de mort imminente de mon fils, ce dont, d'ailleurs, j'étais parfaitement consciente.

Ces paroles, c'est moi qui les disais, mais ce n'étaient pas les miennes, ce n'étaient pas les miennes!

Ce soir nous partageons le gâteau avec don Biagio, nous sourions, nous remercions.

Je regarde don Biagio qui embrasse Matteo pour une photo souvenir: ces deux vies entrelacées par l'amour du

Père, et je me sens heureuse d'un bonheur sans égal, ici dans la maison qui fut celle de Lucietta Pennelli.

Le rêve fou d'espérance de deux mamans affligées, dans ces petits vestiaires, est aujourd'hui devenu vie.

Le premier anniversaire
(31 janvier 2001)

Cela fait un an que Matteo s'est réveillé.

Il y a un an mon fils rouvrait les yeux à la vie, une vie touchée indiscutablement par Dieu, par sa miséricorde.

Ce soir je me suis rendue sur la tombe de Padre Pio, avec Grazia et Antonietta.

J'ai écouté, à genoux, le chapelet du Père Marciano, la tête appuyée sur le granit qui m'est désormais familier.

J'ai répété tout le temps «merci, merci, et louange à toi, Seigneur».

Combien de fois l'aurai-je dit?

Je me suis souvenue des mots que don Biagio m'a dits dans la sacristie de l'ITCA, quelques jours auparavant: «Tu es témoin de l'Evangile, c'est lui qui l'a dit, c'est lui qui l'a dit, allez et annoncez ma parole.»

Je me suis sentie si petite ce soir-là, je me suis sentie si petite ce soir-là sur la tombe.

Je te prie, Padre Pio, moi je ne suis rien, je suis faible, insignifiante, et surtout pécheresse, mais fais que par ton intercession, l'histoire de Matteo puisse être force et espérance pour ceux qui souffrent, pour ceux qui veulent apprendre à croire, pour ceux qui ont besoin de Dieu, je te l'ai demandé si souvent, je te le demanderai encore inlassablement!

Il me vient à l'esprit une très belle invocation de saint Augustin, extraite des *Confessions:*

«Je t'invoque mon Dieu,
ma miséricorde qui m'a créé
et qui n'a jamais oublié celui qui, par contre, t'a oublié.

Je te demande de descendre dans mon âme,
que tu as préparée à te recevoir
avec le désir que tu lui as inspiré.
N'abandonne pas celui qui t'invoque,
toi qui l'as devancé avant même qu'il ne t'invoque
et tu as insisté toujours plus fortement
pour m'appeler de diverses façons,
pour que je t'entende de loin,
que je me retourne et que je t'invoque, toi qui m'appelais.
Toi, Seigneur, tu as effacé tous mes torts,
pour ne pas devoir punir mes mains
par lesquelles j'ai manqué envers toi,
et tu as prévenu tous mes mérites,
pour pouvoir me récompenser avec tes mains
par lesquelles tu m'as créé:
en effet, avant que j'existe,
toi tu existais déjà;
moi, en revanche, je n'existais pas,
précisément pour que tu puisses me donner l'existence.
Et maintenant j'existe par l'effet de ta pure bonté:
avec elle tu m'as précédé en tout ce que je suis
et c'est par elle que j'ai été fait.
Tu n'avais pas besoin de moi,
et je ne suis pas un bien dont tu peux recevoir de l'aide,
mon Seigneur et mon Dieu...
Au contraire, c'est moi qui dois te servir
et te rendre grâces pour recevoir du bien de toi
qui m'as déjà donné l'existence riche de tout bien.»

Oui, j'existe, Seigneur, par ta bonté. Matteo existe par ta
bonté: enseigne-nous à chaque instant à courber la tête et à
plier les genoux devant toi et devant le frère qui souffre, dans
lequel tu vis, pour te rendre grâces éternellement.

Ce qu'il advint en avril 2001

La petite statue de saint Michel
(7 avril 2001)

Aujourd'hui j'ai accompagné Matteo qui, avec ses camarades de classe et ses maîtresses, s'est rendu à Cagnano pour visiter la grotte de San Michele (Saint-Michel). Il y avait là un petit vieux, le gardien, avec des souvenirs sur une table: des chapelets, des cartes postales, etc. Matteo m'a demandé avec insistance de lui acheter une statuette de saint Michel. C'était une petite statue en plastique très mal faite et j'ai tenté de le dissuader, mais en vain, et j'ai fini par la lui acheter.

Le soir, dans son lit, il la tournait et la retournait entre ses mains et j'ai compris qu'il méditait quelque chose de particulier. Je lui ai demandé: «Pourquoi observes-tu ainsi saint Michel, Matteo? Il ne te plaît pas ou quoi?».

Matteo m'a répondu: «Maman, le saint Michel que j'ai vu, moi, il ne possédait pas de couronne, ni même d'épée; celui-ci, en revanche, si. Et puis celui que j'ai vu avait un long vêtement; celui-là, non!»

J'ai été frappée par son observation, qui ne faisait que confirmer, un an et demi après sa maladie, que Matteo avait eu, au-delà de sa guérison, une expérience incroyable et surtout «vraie».

Je suis restée un moment en silence, puis je l'ai tout de suite rassuré: «Matteo, l'ange que tu as vu, c'est le vrai; celui qui tu tiens entre tes mains n'est autre que le fruit de l'imagination de celui qui l'a fait. Et puis, quand il était près de toi il n'avait pas besoin d'une épée car il ne devait pas combattre, mais seulement te tenir compagnie.

—Tu as raison, maman», a conclu Matteo. Il a posé la statuette sur la table de nuit et s'est enfilé sous les couvertures pour dormir.

Je suis restée encore cinq minutes près de lui, pour lui dire que Padre Pio nous a entraînés dans quelque chose de vraiment très grand, plus grand que nous, quelque chose de merveilleux, même difficile à accepter et à affronter.

Ensuite j'ai regardé une photo de Padre Pio qui se trouve dans la chambre des enfants et je lui ai dit: «Fais ce que tu veux. Tu as prié avec moi pour que Matteo soit sauvé, maintenant prie avec moi pour que nous réussissions à affronter selon la volonté de Dieu, avec humilité et sans traumatismes, les événements de ta sanctification!»

Je suis effrayée en pensant à ce qui arrivera quand Padre Pio sera canonisé. Je suis préoccupée pour Matteo, pour son équilibre, pour notre vie privée, mais je me dis que le Seigneur est grand et qu'il saura aussi nous guider et nous protéger en cette occasion.

Ses miracles ne sont jamais incomplets, je m'en remets à lui et à sa bonté.

Ce qu'il advint en mai 2001

Un serpent sur la place de l'église
(13 mai 2001)

Aujourd'hui c'est la fête de Notre-Dame de Fatima, un jour important pour celui qui croit dans les messages que la Vierge a voulu délivrer au monde.

Je ne suis pas tranquille, un doute me torture: pourquoi depuis quelques mois, alors que j'intégrais mes émotions, alors que les dossiers sur la maladie de Matteo étaient examinés à Rome, la paix a-t-elle délaissé ma maison?

Il y a environ un an, le 7 mai, une messe d'action de grâces pour la guérison de Matteo a été célébrée par les Capucins dans la grande église de Sainte-Marie-des-Grâces. J'en avais fait célébrer beaucoup, mais celle-ci rassembla un très grand nombre d'amis et de parents. Cette célébration fut une très belle fête: tous ceux qui avaient prié avec moi pour Matteo étaient présents, tous.

Ce fut pour moi la quadrature du cercle de la prière autour de Matteo et, ce soir-là, à côté de l'autel, au premier rang, Matteo était là.

Il m'est impossible d'expliquer la joie que j'ai éprouvée durant la célébration de l'Eucharistie, d'expliquer les louanges que j'ai élevées vers le Seigneur durant la Consécration.

Pourtant ce soir-là il se passa une chose étrange. Tandis que la messe était célébrée à l'intérieur pour Padre Pio, un serpent vert, d'environ un mètre de long, se dirigea vers l'intérieur de la grande église, près de la porte latérale.

C'est un serpent qu'ici, à San Giovanni, on appelle *cervone*.

Quelqu'un l'aperçut et, dans la confusion générale, car la place était bondée de monde, on le tua à coups de bâton.

Nous qui assistions à la célébration, nous ignorions tout de cela, mais une de mes amies, Antonietta Buci, qui était en retard à la messe parce qu'elle ne trouvait pas de place pour garer sa voiture, put suivre l'événement et me le raconter ensuite.

Certes, sur un parvis rempli de monde comme celui de Santa Maria delle Grazie, il est assez insolite de rencontrer un serpent, surtout de cette dimension.

Bien sûr, tout près d'ici il y a la montagne, et souvent des couleuvres en descendent; mais je crois n'avoir jamais vu un serpent en ce lieu auparavant.

J'étais écœurée par ce récit, mais, sur le moment, je n'y fis pas grand cas.

Quelque temps plus tard, en revanche, alors que je participais à la messe à Foggia, dans l'église de l'Immaculée, desservie elle aussi par les Capucins de l'ordre de Padre Pio, je fus attirée par une statue représentant saint Michel écrasant le dragon-serpent et, tout à coup, je pensai au serpent du 7 mai et je fis le lien avec le Malin.

Pourtant j'en souris immédiatement, en me disant que j'étais sotte de faire une telle association, digne du Moyen Age. Au fond, chacun de nous, même s'il est chrétien, même s'il s'efforce d'être un bon chrétien, même s'il est pratiquant, ne croit pas au démon. Il pense comme je pensais moi aussi, que le démon est un personnage avec des cornes et une queue, représenté sur de nombreux tableaux, dans de nombreuses sculptures, mais qu'en réalité il n'existe pas, qu'il n'a rien à faire avec notre société moderne et technologique.

Mais un doute commença à s'insinuer en moi. Je connais bien la vie de Padre Pio, ses luttes quotidiennes avec le démon, mais je me disais que le démon, s'il existe, tente seulement les saints, les âmes particulières dotées de dons et d'une sensibilité plus grande que les nôtres, que celles des simples mortels comme nous.

En revanche, j'ai réalisé au cours de cette année et demie écoulée depuis la guérison de Matteo, qu'il existe, que circule parmi nous, prête à l'attaque, une force négative et maléfique qui n'a certes pas de cornes ni de queue, mais qui a le pouvoir de prendre possession de la part la plus faible de chacun de nous, pour nous faire suivre des chemins qui nous éloignent de Dieu.

Le Malin est cette force qui, lorsque nous sommes incertains, dubitatifs, distraits, nous conduit à nous exprimer de la pire des façons, par la colère, l'agitation, l'impatience, les offenses, l'intolérance, la présomption, en nous convainquant que ce comportement révèle notre moi le plus clair, le plus courageux.

Nous perdons ainsi la paix avec nous-mêmes et avec les autres et les fausses victoires deviennent une douleur sourde.

Durant cette période de fatigue, j'ai ressenti plus que jamais le besoin, face aux injustices, à la douleur, de réagir avec violence.

Moi, précisément, qui ai reçu le «miracle»!

Je me suis sentie faible, faillible.

Mais, souvent, j'ai aussi remarqué un durcissement chez mon mari et une cruauté qui, au contraire, auraient dû être érodés par la force vivifiante du don de la guérison de Matteo.

Aussi ai-je réfléchi sur la «tentation», sur le mal fatidique qui a persécuté Padre Pio et qui, probablement, persécute tous ceux que le Seigneur décide de toucher.

Puis un de mes amis, un exorciste, m'a expliqué que le démon, ennemi acéré de Padre Pio, lui nuirait encore jusqu'à sa canonisation, en ôtant la paix à notre famille qui, en ce moment historique, représente inévitablement, bien qu'indignement, la route de la glorification terrestre de Padre Pio.

En un premier temps, j'ai souri, estimant que cette thèse était ridicule. J'ai même ri, encouragée en cela par ma rationalité, en me répétant: «C'est de la folie, de la folie!» Puis j'ai commencé à penser qu'effectivement, au cours de cette dernière année, alors que tout aurait dû être idyllique, ma famille a sans cesse vécu, avec une intensité peu commune, des conflits, des difficultés pratiques ou non, des heurts provoquant tensions et rancunes, des empêchements d'ordre matériel et spirituel, des problèmes de santé de toute sorte.

Sans compter les critiques de gens insoupçonnables, de personnes apparemment respectables et même amies, qui ont passé leur temps à faire circuler des rumeurs en tout genre sur mon compte, sur mon mari, sur notre famille, juste pour le plaisir de parler ou de médire. Il s'agissait de conjectures, d'histoires déformées avec beaucoup d'imagination sur l'histoire de Matteo et sur la stabilité de notre union conjugale. Cela ressemblait presque à la loi du talion: plus l'étude du miracle progressait, plus nous devions affronter des difficultés de toute sorte.

Un jour, j'ai trouvé la réponse en lisant un livre recueillant les messages présumés délivrés par la Vierge à Medjugorje.

Je crois y avoir trouvé une explication possible. Dans son message du 14 janvier 1985, Marie dit ceci: «Satan est très fort et, avec toutes ses énergies, il veut détruire mes plans.» Dans celui du 4 septembre 1986, elle dit: «Chers enfants, Satan est aux aguets contre chacun de vous.» Et dans celui du 25 mai 1995: «Satan est fort et de toutes ses forces il veut attirer le plus de personnes possibles à lui et au péché.» Et dans celui du 25 janvier 1994, elle affirme: «A notre époque, Satan veut semer le désordre dans vos cœurs et dans vos familles. Mes enfants, ne cédez pas; vous ne devez pas permettre qu'il vous dirige, ni vous ni votre vie.»

Ainsi j'ai découvert, en lisant ces messages, que Satan n'est pas une abstraction, mais la force qui nous éloigne de la paix et de la grâce de Dieu, de l'espérance et de la joie, de la capacité de louer le Seigneur et de vivre le bien.

J'ai appris, mais cela Padre Pio le disait aussi, que plus on choisit avec conviction d'être proche du Seigneur, plus forte est la tentation et plus les difficultés augmentent.

Par chance, l'arme puissante, la prière constante, permet d'affronter chaque bataille avec courage et détermination, même celle contre l'invisible qui se camoufle dans les cœurs et qui se cache dans les mensonges des faux amis, des faux bons.

Padre Pio écrivait à Carlo Nardi, prêtre de l'Oratoire de saint Philippe: «Ne sais-tu pas que les tentations sont permises par Dieu pour purifier et élever toujours plus l'âme qu'il chérit? Ne sais-tu pas que les tentations sont permises par Dieu aux âmes qui doivent tisser la couronne pour le ciel? Et même si l'âme succombait, doit-elle se désespérer pour autant? Qu'elle se rachète et qu'elle soit à nouveau fidèle à Dieu. Dieu lui-même ne veut pas perdre l'âme qui est tombée et qui se relève. S'il voulait la perdre, comme justement elle le mérite, il ne lui donnerait pas la grâce de se relever. Donc prends courage et aie un peu plus de foi, et ne doute pas, car tout le reste ne servira qu'à confondre Satan qui a fait de grands projets sur toi, servira pour la gloire de Dieu, ton salut et l'édification des autres.»

Je dois prier pour avoir le courage d'affronter et de surmonter les tentations et le tourment de l'âme qui ne peuvent venir du Dieu de la paix et de l'amour.

Le homard et les roses
(17 mai 2001)

Aujourd'hui, c'est la fête du Corpus Domini.

Pour moi, c'est la fête liturgique la plus importante, et ce qui nous est resté de plus tangible du sacrifice du Christ: «l'Eucharistie».

Après la procession je suis restée agenouillée devant le Très-Haut pour lui dire que, même si je suis une nullité, je l'aime, je l'aime profondément, pour lui demander de me guider et de ne pas m'abandonner, parce que ces mois-ci j'ai expérimenté la difficulté de tenir les promesses d'humilité et de patience, de charité et d'amour, de changement de vie faites après la guérison de Matteo.

J'ai senti la grandeur et la force — comme je l'ai déjà écrit — des tentations et du mal qui, en toutes circonstances, quotidiennement et inlassablement, cherchent à nous éloigner des bonnes intentions...

Certains jours j'ai ressenti physiquement aussi la difficulté de suivre la voie qui conduit à Dieu, l'envie de faire prévaloir ce qui se cache de négatif et de mauvais en moi pour ne pas devoir souffrir, pardonner, pour me sentir libre de réagir contre ceux qui font du mal et qui, dernièrement, ont été nombreux envers nous.

Ces jours-ci, ces mois-ci, j'ai pleinement compris le sens du Malin, cette attraction qui, dans l'imaginaire collectif, est devenue la grande bête rouge, ce concept qu'en réalité chacun de nous refuse comme s'il s'agissait d'une invention dépassée, qui n'a rien à voir avec le monde actuel et rationnel.

Mais, par chance, il y a l'Eucharistie où toute brûlure se dissout et il y a Lui, le Père, l'épouvantail du mal, qui prie avec nous et dissout toute négativité, faisant sentir sa présence et sa protection.

Aujourd'hui, en effet, pour la énième fois, durant le repas de communion de Luigi, un camarade de Matteo, j'ai été inondée du parfum de roses alors qu'on servait le homard.

J'avais à peine fini de parler de Padre Pio et de don Biagio avec Lucia, une doctoresse très croyante, que le parfum de roses m'a enveloppé.

Je n'ai rien dit, j'ai eu peur de demander à d'autres s'ils le sentaient eux aussi.

Je n'ai demandé qu'à Alessandro, assis à côté de moi, s'il sentait une odeur particulière et il m'a répondu: «Oui, de poisson!»

Il y a quelques jours, le 13, la même chose m'était arrivée à l'école pendant que je rédigeais le procès-verbal.

J'ai téléphoné à don Biagio pour lui demander: «Suis-je en train de devenir folle?». Et lui, en souriant: «Nous sommes tous un peu fous, Padre Pio est près de toi, tu ne l'as pas encore compris?».

Comme je me sens petite, petite, oui, je l'aurai répété mille fois, face à ce grand don!

Comme j'ai du mal à tâcher d'en être digne!

La vie, avec les problèmes du quotidien me prend et la nécessité de me confronter avec le monde, avec les violences et les prévarications psychologiques, me conduisent à être forte, offensive pour me défendre.

Puis je me rends compte que l'Evangile est une autre chose et je vis avec le sens de culpabilité, de l'erreur, le désir de retourner en arrière, de pardonner, d'accepter.

Mais pardonner signifie souvent se faire marcher sur les pieds.

Ainsi, à la fin, je réalise que je ne suis pas du tout celle que le Seigneur voudrait, mais je ne parviens pas à me dépasser.

Ma force consiste seulement à répéter continuellement une phrase que Matteo m'a dite il y a quelques jours: «N'aie pas peur, maman, Padre Pio nous guidera, il a toujours été près de toi et moi aussi je serai près de toi.»

Je sais que là où est Padre Pio, il y a le Christ et que le Christ se manifeste merveilleusement, je me le répète, dans l'Eucharistie.

Par conséquent je suis ici devant l'Ostensoir à confier ma faiblesse à ce cercle candide dans lequel est compris le sens de l'existence pour que «sa Grâce» la transforme en force.

«Le courage et l'énergie qui sont au-dedans de moi, ce ne sont pas les miens, mais ceux de Celui qui habite en moi: l'Eucharistie» (sainte Faustine).

Ce qu'il advint en juin 2001

Un moment d'irritation
(22 juin 2001)

Je crois toujours ne plus rien avoir à écrire, mais des expériences que je désire rappeler se succèdent. Aujourd'hui je suis allée à Forino, plus précisément à Celsi, dans la province d'Avellino, pour rencontrer don Biagio, avec cinquante autres personnes dont beaucoup avaient un besoin extrême de réconfort et de prière, cette prière communautaire qui, comme le dit Jésus, le fait être présent: «Là où deux ou plusieurs seront réunis en mon nom, je serai au milieu d'eux.»

Que de fois j'ai répété cette phrase pour me donner force et courage!

Nous avons prié durant le voyage, nous avons prié dans l'église lors de la célébration eucharistique, tournés vers Marie, représentée par une belle statue provenant de Fatima.

Je me suis attirée beaucoup de critiques pour avoir emmené avec moi des gens chez ce prêtre, pour avoir organisé un autocar: «Elle veut utiliser le miracle de son fils pour se mettre en avant, c'est une fanatique, il ne lui manque que cela!»

Que de cruauté, d'intrusion, de superficialité, de stupidité, que de mal!

Je ne me mêle jamais des histoires des autres, je laisse vivre, et mon désir n'est autre que d'être au service de ceux qui en ont besoin, en souvenir de l'affection et du soutien que j'ai reçus durant la maladie de Matteo, en remerciement pour la guérison de mon fils.

Qui peut comprendre que le drame de cet enfant et sa résolution ont entraîné chez moi une irrépressible nécessité de tourner chaque jour mon regard vers ceux qui souffrent, pour offrir au moins un sourire, une parole de réconfort, un soutien moral?

Quand je me trouve en compagnie d'amis, à des fêtes ou à des anniversaires, je n'ai plus l'insouciance ni l'allégresse qui me caractérisaient avant la maladie de Matteo, même si je demeure convaincue que la vie est sainte joie et amour. Et cela, parce qu'une part de moi-même est retenue par la certitude mélancolique que pendant que je souris, que je mange, que je blague, que je ris, quelqu'un d'autre — un enfant, un adolescent, une maman, un vieillard — est en train de souffrir, tandis que moi je ne fais rien; alors mon temps me semble du temps perdu, gaspillé en frivolités.

Je ne veux pas jouer les Samaritaines, ni les mystiques, ni les martyres, ni les masochistes prêtes au cilice et à la pénitence. Loin de moi cette idée!

J'aime, j'ai toujours aimé et désormais plus que jamais j'aime la vie, la joie.

Mais je voudrais donner davantage à ceux qui, comme moi il y a un an et demi, luttent contre la douleur.

Ainsi, souvent et au prix d'un grand sacrifice, renonçant à mon temps, aux plaisirs, j'essaie de me consacrer à ceux qui requièrent un peu de réconfort, je cherche à dire merci à Dieu pour mon fils en poussant ceux qui se sentent abandonnés vers les ministres de Dieu dans le monde, capables de les soutenir par la force de la prière.

Dans un des messages de Medjugorje, la Vierge répète: «Chers fils, je suis votre mère et je vous invite à vous approcher de Dieu par la prière car lui seul est votre paix... et ce n'est que lorsque vous ouvrez vos cœurs et que vous priez que les miracles se produisent.»

Donc, comment puis-je rester indifférente, moi qui, plusieurs fois dans la journée, vois défiler sous mes yeux les images de Matteo couvert de plaies, intubé et qui sens battre en mon cœur la douleur sourde de sa souffrance, la longueur de ces jours uniquement soulagés par la prière?

Lorsque mes activités quotidiennes de mère et d'enseignante me laissent un peu de répit, le rideau des souvenirs douloureux se lève et je sens battre les pompes et je vois les croûtes que pendant des mois entiers, chaque matin, je secouais des draps ensanglantés du lit de Matteo.

Aussi mon cœur ne se repose-t-il que sur le visage de mes enfants, dans les baisers que j'imprime sur leurs visages et dans l'humble aide que j'apporte à ceux qui traversent la souffrance comme je l'ai traversée.

Mais je me sens irritée, irritée contre tous ceux, et ils sont nombreux, qui, même croyants, et je parle surtout de médecins, mais aussi de prêtres, ont douté de la véracité et du caractère extraordinaire de la guérison de Matteo, estimant que nous avions alimenté des fantasmes, que nous avons tout orchestré pour faire croire que la guérison de mon fils était un miracle.

La pathologie qui a frappé mon enfant et la série incroyable de complications très graves qui sont venues s'ajouter aux autres très graves complications, ont été si terribles qu'elles ne laissent pas de place au doute.

Seule l'intervention de quelque chose ou de quelqu'un de «surnaturel» pouvait faire revenir Matteo à la vie, à une vie normale, au-delà des efforts dignes d'éloges des docteurs qui l'ont suivi et soigné avec beaucoup d'amour, avec un dévouement digne d'éloges lui aussi et un très grand professionnalisme.

Je suis sûre qu'aucun des collègues de mon mari, ni mon mari lui-même, n'aurait pensé que mon fils se remettrait.

L'*exitus* était la prévision la plus plausible, bien que silencieuse.

Dans la meilleure des hypothèses, on aurait pu penser à une survie gravement marquée par des lésions de plusieurs organes: surdité, cécité, paralysie, insuffisance intellective, peut-être dialyse jusqu'à la fin de ses jours.

Le 21 au matin, tous les médecins que nous rencontrions baissaient le regard pour ne pas avoir à nous déclarer la gravité de la situation de Matteo et, vers 10 heures, l'un d'eux descendit du service de réanimation pour dire à mon frère

Nicola que l'enfant était «perdu, perdu», qu'il n'y avait plus rien à faire, qu'il devait me dire que j'avais «perdu Matteo».

En dépit de la science, des non-croyants, des incrédules et de nombreux hypocrites qui, ne sachant rien de la façon dont se sont déroulés les événements ni de notre intégrité morale, ont donné des interprétations superficielles, doutant de ma foi et de ma bonne foi, Matteo vit, sain et serein. Sa vie est une vie «au-delà de la vie».

Et puis Matteo a surmonté et accepté aussi la terrible expérience de la mort et de la persécution de la part des gens communs et des journalistes, le caractère extraordinaire de son histoire, avec une sérénité, une rapidité et une détermination qui sortent de l'ordinaire et pour lesquelles je soutiens et je reconnais l'intervention du divin et la force de l'Esprit Saint.

J'espère seulement que de là-haut ils voudront à l'avenir me guider et me soutenir pour pouvoir continuer à suivre, avec simplicité mais vigueur, en dépit des critiques, un chemin de charité, me prévalant de l'œuvre spirituelle de saints prêtres, comme le Père Gerardo di Flumeri et comme don Biagio.

Je ne suis qu'une pauvre pécheresse, avilie par ses faiblesses, par ses mesquineries, mais prête à dire merci chaque jour à Dieu, au mépris des tentations.

Le parfum de fleurs, je l'ai senti encore souvent, malgré mon refus de croire en quelque chose de particulier, malgré ma rationalité et mon désir de normalité qui m'induisent à me répéter de ne pas y penser, de ne pas me laisser entraîner; en dépit de mon humanité qui me dit de m'éloigner des frivolités pour ne plus souffrir; en dépit du mal, du Malin qui me poursuit, depuis qu'a eu lieu le miracle de Matteo, pour me suggérer de paresser ou même d'être indifférente ou offensive, et qui poursuit aussi ceux qui m'entourent pour conduire à construire des mensonges sur nous.

Qu'il est difficile d'avoir la foi, de pardonner, d'aller de l'avant, de lutter! Qu'il est difficile de mettre l'Evangile en pratique, si beau à lire, si facile à accueillir, mais si difficile à mettre en pratique!

Comme c'est difficile de passer des paroles aux actes!

Par chance, Marie nous dit: «Chers fils, je vous invite à l'abandon total en Dieu. Que tout ce que vous possédez soit dans les mains de Dieu; ce n'est qu'ainsi que vous vivrez la joie avec la joie au cœur.

«Mes petits enfants, réjouissez-vous en tout ce que vous avez; remerciez Dieu, car tout est un don que Dieu vous fait. Ainsi vous pourrez, dans la vie, remercier pour tout et vous découvrirez Dieu en tout, même dans la plus petite fleur.

Vous découvrirez une grande joie, vous découvrirez Dieu.»

J'ai découvert la grandeur de Dieu et la beauté de la petite fleur.

Merci à Marie, merci à Padre Pio, merci à Matteo!

Ce qu'il advint en août 2001

Le Père Gerardo
(25 août 2001)

Ce matin je me suis rendue à la salle «Voce di Padre Pio» (Voix de Padre Pio) où le Père Gerardo prononçait une conférence. Cet homme, si petit physiquement, est si grand en esprit et en intelligence. Avec ses manières discrètes et distinguées, il parvient à transmettre la paix et la sérénité.

Pendant que j'écoutais les conférenciers, j'ai de nouveau été enveloppée par une odeur de fleurs, très agréable mais très intense.

Pensant que quelque dame présente avait mis un peu trop de parfum, je me suis déplacée de quelques mètres. Mais au bout de quelques minutes, la même chose s'est produite. Dès lors un doute a commencé à s'insinuer en moi, de sorte que je me suis déplacée pour la troisième fois, dans une direction permettant de dissiper tout soupçon.

En revanche, le parfum me suivait et m'enivrait.

Puis, à un moment donné, il a disparu.

A la fin de la conférence, j'ai fendu la foule afin de m'approcher du Père Gerardo pour le saluer, convaincue qu'assiégé par tant de monde il ne m'aurait prêté aucune attention.

A l'inverse, il s'est frayé un chemin parmi les gens pour venir à ma rencontre et, à cet instant précis, j'ai de nouveau été assaillie par un parfum de roses et de violettes. Instinctivement j'ai demandé au Père Gerardo s'il sentait ce parfum.

Il m'a répondu que non et je n'ai pas pu m'empêcher de lui raconter, avec beaucoup d'émerveillement, ce qui venait de m'arriver.

Avec un sourire à peine esquissé sur les lèvres, le Père Gerardo m'a expliqué que quand il demandait à Padre Pio quelle était cette odeur de fleurs qui le précédait ou le remplaçait, il répondait: «C'est ma présence spirituelle.»

Encouragée par ses mots, j'ai estimé devoir lui demander des explications sur un autre fait étrange vécu par Matteo, auquel je n'avais accordé aucune attention, convaincue que ce pouvait être une invention de l'enfant.

A deux reprises, les jours précédents, mon fils m'avait raconté qu'il avait vu Padre Pio à deux occasions, sur son lit quand il était avec moi et avec son frère et que, les yeux clos, nous jouiions à faire un peu de relaxation, et une autre fois de retour de la mer en voiture.

Il m'avait raconté l'avoir vu vêtu de blanc et il m'avait même rapporté une phrase qui m'était adressée: «Padre Pio m'a dit de te dire que tu es courageuse et que tu dois être encore très forte.» Cette phrase m'avait semblé banale et j'avais ri, ce qui avait offensé Matteo.

Je raconte tout cela au Père Gerardo, convaincue qu'il me dira que c'est le fruit de l'imagination d'un enfant, mais il me répond: «Tu veux empêcher Padre Pio d'aller où bon lui semble? Matteo est son privilégié.»

Je suis effrayée et, comme cela m'arrive souvent désormais, confuse; mais à la fin de notre conversation le Père Gerardo me lance fortement: «Sois forte!»

Ce soir-là, en allant dans la chambre pour border les couvertures de Matteo, je le trouve le chapelet à la main. Je lui demande ce qu'il fait; il me répond que pour chaque «boule», c'est comme cela qu'il appelle les grains, il dit un *Repos Éternel*.

Je lui explique que pour chaque boule il doit dire un *Ave Maria*, mais, sûr de lui, il me dit que ce soir il doit prier pour tous ceux qui sont morts.

Je ne peux rien faire d'autre que lui donner un baiser et lui souhaiter bonne nuit et m'en aller assez perplexe.

Je veux seulement commenter ce fait par une phrase de sainte Thérèse de Lisieux: «Il plaît à Jésus de ne me montrer que le chemin qui mène à la fournaise divine, c'est-à-dire l'abandon de l'enfant qui s'endort sans peur dans les bras de son père. "Si quelqu'un est petit, qu'il vienne à moi", a dit l'Esprit Saint par la voix de Salomon, et ce même Esprit d'amour a dit encore que "la miséricorde est accordée aux petits".»

Ce qu'il advint en octobre 2001

Un rêve bouleversant
(13 octobre 2001)

Aujourd'hui c'est l'anniversaire de la dernière apparition de Notre-Dame de Fatima.

Pour moi, cela a été une semaine étrange.

Nous sommes samedi et il y a six jours, un lundi, je suis allée avec Livia et Isabella dans la cellule de Padre Pio.

J'avais en moi un fort désir de venir ici, j'oserais dire comme un appel en moi.

Mais c'est une période où je vis de grands conflits dans mon esprit et, une fois encore, la difficulté du pardon.

D'ailleurs, ce n'est pas un hasard, je ne trouvai personne pour m'ouvrir la cellule. A la fin, au bout de nombreuses péripéties et avec l'aide de Gino, un monsieur qui aide les frères pour la sacristie, nous avons fini par trouver Umberto, le standardiste, qui possède les clefs de la cellule. Cela s'est passé juste pendant que, tournée vers un des nombreux cadres de Padre Pio, je lui disais en pensée que, d'accord, je ne méritais pas d'entrer, qu'il faisait bien d'être fâché et irrité contre moi, mais justement parce que je me sentais confuse, j'avais besoin d'être près de lui, au moins pendant quelques instants, dans le lieu le plus fort de sa présence.

Ainsi, à la fin, nous sommes parvenues, mes amies et moi, à nous agenouiller et à prier devant le lit de Padre Pio. Avant de partir, j'ai eu l'impulsion de m'approcher de la table de nuit de Padre Pio et de renifler.

Je sais que souvent des odeurs particulières en émanent.

Quelques mois auparavant, en entrant dans la cellule avec mon frère Giovanni, j'avais senti une odeur pénétrante et très intense d'acide phénique et Umberto, loin d'être perturbé pour autant, m'avait confirmé que dans cette cellule on sentait souvent cette odeur ou un parfum de fleurs et que c'était la présence de Padre Pio.

Cette visite avait été suivie, pour moi et pour ma famille, d'une autre période de grands conflits interieurs à chacun de nous, à la famille et de persécutions venant de l'extérieur; mais je n'avais plus pensé à l'acide phénique.

Lundi soir, en revanche, j'ai senti, et mes amies aussi, un parfum très suave de fleurs; un instant plus tard, je me suis encore approchée et j'ai été dégoûtée par l'odeur âcre d'acide phénique, que, toutefois, mes amies n'ont pas sentie.

Après avoir quitté la cellule, nous sommes allées sur la tombe et là j'ai trouvé le Père Terenzio. Je lui ai demandé la signification de ces odeurs et il m'a répondu que j'avais senti l'odeur des fleurs parce que j'étais bénie par Padre Pio, mais que l'acide phénique n'était pas une bonne chose, cela signifiait souffrance et présence négative.

Je ne m'effraie plus devant ces affirmations, car cela fait désormais presque deux ans, depuis la maladie de Matteo, que j'entends parler chaque jour du bien et du mal; mais j'ai réfléchi sur le sens encore incompréhensible, par certains aspects, de tout cela.

Mardi soir, Isabella m'appelle en me disant qu'elle a rêvé de Padre Pio. Il lui demandait que nous retournions toutes les trois dans sa cellule car, le lundi soir, il n'y était pas. Il demandait aussi que Livia, l'autre ami, apporte une pomme, une pomme à demi pourrie et coupée en morceaux, qu'il voulait à tout prix avoir dans sa cellule.

Au début, j'ai souri en écoutant son récit, sûre que le fait d'être allée la veille dans la cellule avait conditionné l'imagination de mon amie. Mais, ensuite, je me suis interrogée sur le sens de ce rêve et j'ai pensé que dans la tradition biblique la pomme représente la tentation, la faiblesse et que Padre Pio voulait probablement que je lui apporte mes faiblesses et celles de ma famille.

D'ailleurs Padre Pio a écrit dans sa *Correspondance*: «Soyez donc tranquille, servez le Seigneur dans la joie et ayez confiance en lui, abandonnez-vous toujours à lui. Pour vous convaincre, je vous renvoie encore une fois à la sainte Ecriture: "C'est parce que tu étais agréable à Dieu (dit l'ange Raphaël à Tobie et, en la personne de Tobie, à toutes les âmes) qu'il était nécessaire que tu sois éprouvé par la tentation." Je n'ajoute rien d'autre, hélas vous savez bien vous-mêmes par combien de tentations et de tribulations vous avez été éprouvée jusqu'à présent.»

Ce n'est pas tout. Nous arrivons à aujourd'hui, le 13 octobre.

Antonio est de garde cette nuit et Matteo a décidé de dormir avec moi dans le grand lit.

Avant qu'il ne s'endorme, comme j'ai coutume de le faire, nous avons dit nos prières, puis j'ai lu un passage de la *Correspondance* et un message de la Vierge.

Comme durant cette période il me semble être seule pour affronter les difficultés quotidiennes, j'ai dit spontanément à voix haute: «Padre Pio, tu m'as abandonnée! Tu sais, Matteo, je ne le sens plus, ton Ami, il ne me répond plus, il ne me parle plus, en aucune façon!», puis j'ai éteint la lumière.

Je me suis endormie et j'ai fait un rêve bouleversant.

De nouveau, comme il y a deux ans, je me suis retrouvée dans un cimetière, cette fois avec Antonio et avec les enfants pour assister aux funérailles d'un jeune homme, très beau, en uniforme du service de répression des fraudes, un jeune homme pour lequel cependant ni moi, ni mes proches, n'éprouvions aucune douleur, comme s'il ne nous appartenait pas.

Il y avait beaucoup de gens avec nous et, à un moment donné, en me tournant, j'ai vu la pierre tombale de ma belle-mère.

Ce très beau jeune homme qui aurait dû être mort commençait, en revanche, à se contorsionner de manière effrayante et tous se disaient qu'il fallait faire quelque chose pour qu'il meure définitivement.

Un médecin s'est alors approché, mais il était vêtu comme un prêtre, et il lui a injecté à l'aide d'une seringue un liquide qui l'a immédiatement immobilisé et tué, mettant fin à cette étrange agonie.

Tout de suite après, Antonio, Alessandro et Matteo se sont éloignés de moi, tandis que dans le ciel assombri, nocturne, volait une énorme chauve-souris. J'étais perdue et j'éprouvais une terrible angoisse.

Je ne parvenais plus à trouver la sortie et, à ce moment-là, un garçon et une fille se sont approchés de moi et, d'une façon suave mais maligne, ils m'ont appelée par mon nom, me demandant de les suivre.

J'avais peur car je réalisais qu'il s'agissait d'âmes damnées et je commençai à invoquer Padre Pio en criant pour qu'il m'aide.

Tout à coup je me suis sentie soulevée et je volais, m'éloignant en un instant de ces étranges personnages; puis je me retrouvai devant la grille de sortie du cimetière.

Padre Pio était là. En le voyant, je me suis jetée à ses pieds et je me suis agrippée à sa bure, me serrant, terrorisée, contre ses jambes, tout en le suppliant de ne plus me laisser, de ne pas m'abandonner, car j'avais peur, car je ne pouvais plus aller de l'avant toute seule, parce j'étais terrorisée par ces âmes et par ce qui arrivait à ma famille, déboussolée par l'imminente sanctification.

Et lui, d'une voix paternelle, mais un peu sur un ton de reproche et en joignant les mains, il me dit: «Mais que veux-tu de moi, je ne t'ai jamais quittée. C'est toi qui le penses, mais moi je suis là, avec toi, je te l'ai déjà dit une fois. Je suis avec toi, de quoi as-tu peur? Et souviens-toi de Cleonice, celle qui écrivait, qui écrivait, et toi, pourquoi n'écris-tu plus?».

Je me suis réveillée, consciente que je devais absolument m'en souvenir et retranscrire ce rêve, car, en effet, cela fait plus de vingt jours que je ne touche plus mon ordinateur pour écrire, estimant que tout ce qui m'est arrivé et que j'ai écrit est si particulier que si quelqu'un devait le lire il penserait probablement que je suis une fanatique dérangée.

Mais après le rêve de cette nuit, dont je ne sais si c'est un message ou le fruit de mon imagination, j'ai senti le besoin de recommencer à écrire et j'espère que le temps me fera comprendre le sens de tout cela.

En même temps, cette nuit, Isabella aussi a fait un rêve étrange et m'a téléphoné pour me le raconter.

Elle me dit qu'elle a rêvé que nous étions allées chez le pape pour lui offrir mon livre, qu'elle tenait jalousement sous son bras. Le pape était sur une grande place remplie de gens et m'attendait pour que je lui remette mon livre.

Je ne sais plus que penser et, après le coup de téléphone d'Isabella, assise à mon bureau, je me mets en prière et, tandis que je médite, mon regard s'arrête sur le petit journal de Medjugorje qui se trouve sur le bureau et je commence à lire. Il y a un article du Père Ljubo Kurtovic: «La prière est le meilleur chemin par lequel Dieu s'approche de nous et nous de Dieu. Dieu répond à notre cœur disponible.

«La paix ne peut venir que là où la porte du cœur est ouverte. Dieu se tient devant ta porte. Nous faisons ce que nous pouvons; Dieu fera ce qu'il nous semble impossible.»

Qu'est-ce pour moi, aujourd'hui, l'impossible que Dieu peut encore accomplir, après ce qu'il a fait pour Matteo?

Ou peut-être l'achèvement de ce livre qui, à mes yeux, plus je l'écris, plus me semble inutile et même banal en certains points.

Je reste en silence et je dis à Jésus que je suis là, la porte de mon cœur ouverte, en espérant qu'il veuille entrer et m'aider, me guider et m'éclairer.

En souvenir d'Andrea
(14 octobre 2001)

Ce soir, à 22 heures, Andrea s'en est allé. Le 4 octobre il avait fêté ses dix-huit ans à l'hôpital, à San Giovanni, au milieu d'atroces souffrances.

Maintenant le ciel possède un autre ange qui prie pour nous, mais le pourquoi de tant de douleurs me persécute.

Dernièrement, à cause du lymphome qui l'a consumé, il avait perdu la vue, puis l'ouïe, chaque jour davantage ses sens avaient été rongés par le mal et son monde ne cessait de se restreindre.

Pourtant, dans son lit, il priait continuellement, comme le racontait sa mère, Angela, une femme extraordinaire qui a affronté avec lui ce grand Calvaire, avec une force et une dignité titaniques et exemplaires.

Angela a arraché, par son abnégation et par sa prière, cette dernière année de survie pour Andrea.

Je l'écoutais raconter les interminables journées de souffrance à côté de ce fils tant aimé.

Chaque fois que je parlais avec elle au téléphone, je pleurais et je priais, détruite par l'impuissance face à tant de douleur.

J'aurais voulu faire davantage, mais je ne pouvais que prier et pleurer; et beaucoup de gens ont pleuré avec moi.

Pour Andrea, comme pour Wilson et pour tous les jeunes qui souffrent et que j'ai connus après la maladie de Matteo, j'ai appris à offrir mes oraisons jaculatoires, mais surtout mes petits sacrifices, mes douleurs, mes frustrations, mon pardon, qu'en d'autres occasions je n'aurais pas été capable d'accorder.

Ce qui m'a le plus bouleversée, c'est la sobriété avec laquelle Angela a soigné Andrea, à travers la porte étroite de la souffrance, sa grande espérance et, en même temps, l'acceptation totale de la volonté de Dieu.

Je n'ai vu Andrea que deux fois sur son lit d'hôpital, mais je me suis attachée à lui comme à un fils.

Je garde le souvenir d'un garçon très pâle, mais serein.

Souvent, durant la journée, il me passe devant les yeux, quand je conduis, quand je prie et alors je lui demande de prier aussi pour moi, pour sa maman si courageuse, pour son père et ses frères, pour toutes les mamans qui ont perdu un enfant, pour tous les enfants qui ont connu la maladie.

Je lui demande si maintenant qu'il est un ange du Seigneur il a compris à fond le sens de la souffrance dans notre pèlerinage terrestre: le péché originel, notre méchanceté, l'immolation de victimes sacrificielles pour la rédemption.

Je lui demande d'intercéder par sa passion, par son offrande, grâce à laquelle il a été Cyrénéen du Christ, pour que le ciel tourne son regard vers nous, pauvres et misérables passagers de cette barque qu'est la vie.

Son aurore, si vite voilée par la maladie, baignée des larmes d'Angela, a créé un pont d'amour avec le paradis qui permettra à beaucoup d'âmes de monter au ciel.

Padre Pio écrivait: «Les tribulations, les croix ont toujours été l'héritage et la part des âmes élues. Plus Jésus veut une âme élevée vers la perfection, plus il augmente la croix de ses tribulations.»

Andrea a gravi le Calvaire, le «mont des saints», il a planté la Croix et est monté au Tabor, «la Jérusalem céleste», il est devenu saint, victime pour ses frères, pour nos iniquités, comme Padre Pio, comme tous ceux qui se sont consumés dans la souffrance: les saints silencieux et nombreux qui ne seront jamais sur les calendriers, mais au sacrifice desquels nous devons une part d'éternité, nous devons que le Seigneur continue à nous regarder à travers le filtre de la miséricorde et non pas à travers celui de la justice.

Mais mon cœur de mère qui sait ce que signifie être au chevet d'un fils souffrant qui s'éteint, le tourment de la vie qui se brise, du futur qui se dissout dans le silence macabre d'une petite chambre d'hôpital, ne peut que demander au monde plus de prières qui montent ensemble vers le Seigneur pour invoquer des grâces plus nombreuses.

Comme ce serait beau, Jésus,
que tu effaces du monde,
si nous réussissions tous à être un peu meilleurs,
la douleur et le mal!
En revanche le Tabor sera toujours
une montée pénible et haletante,
pour expier les erreurs
d'un libre arbitre mal utilisé,
qui depuis la nuit des temps a entraîné pour nous
la condamnation à la douleur.

Les derniers jours, Andrea priait, priait continuellement et, un matin, sa mère l'entendit s'adresser à Jésus: «Je voudrais que tu sois ici, dans mon lit, sans plus voir la lumière, sans plus rien entendre, pour comprendre ce que j'éprouve et comme il est difficile de prier.»

Ne plus pouvoir voir le visage de sa mère tant aimée, ne plus entendre les mots consolateurs de son père, ne plus pouvoir marcher!

Chaque fois que je pense à cela, cher Andrea, mon cœur se gonfle et je revois le corps ulcéré de Matteo; je me souviens des promesses faites, de ma vie donnée pour que mon fils soit sauvé et je me rends compte que la croix que le Seigneur m'a donnée durant ces deux années a été bien petite par rapport à la tienne, à celle de ta maman, des enfants et des familles qui ont connu la mort et le détachement.

Je te demande pardon, Andrea, je te demande pardon, Jésus, pour toutes les fois où je n'ai pas eu l'humilité de supporter de minuscules épreuves, pour l'impatience face à une offense ridicule, pour l'indifférence à l'égard d'une personne souffrante, pour l'attachement morbide à des choses inutiles, qui ne donnent pas le vrai bonheur et pour lesquelles nous dispersons nos énergies vitales.

Je te demande pardon pour toutes les fois, et elles sont nombreuses, où je n'ai pas réussi à pardonner, tout en sachant que le pardon est la seule voie de la grâce et des grâces, tout en sachant que l'immolation de ta vie, comme celle des autres innocents, sert à sauver ceux qui ne connaissent pas et n'aiment pas Dieu.

Jésus dit à la Servante de Dieu sœur Benigna Consolata Ferrero: «Aimes-tu la croix que je t'ai donnée? Elle est très féconde, tu sais! La croix d'amour est très féconde... Sans sacrifice, sans la souffrance physique, spirituelle, morale, tu ne sauveras pas les âmes. Une incessante palpitation d'amour, oui, une incessante palpitation de douleur pour obtenir la conversion des âmes. Moi, les âmes, je les ai sauvées par un martyre d'amour et de douleur, et c'est ainsi que tu les sauveras toi aussi.»

Je te demande pardon, Andrea, pour tous ceux qui ont tant reçu de la vie: santé, biens matériels, affirmation, le superflu, et qui, devant une toute petite difficulté commencent à être angoissés, devant la douleur d'autrui détournent leur visage, tournent les talons et vont se réfugier dans leur monde de banalité et d'égoïsme.

Alessandro, un très bel ange comme toi, sortant de réanimation au bout de quarante jours de prison, en raison d'un ostéosarcome qui lui procurait d'atroces tourments, voyant passer dans le couloir une procession avec le Christ en Croix, s'exclama: «Pardonne-moi, Jésus, si je ne parviens pas à porter ma croix qui est si petite par rapport à la tienne, toi qui as offert ton immense souffrance pour le monde entier!»

Et il a demandé à Padre Pio, dans une merveilleuse lettre: «Cher Padre Pio, je t'écris pour te faire savoir que les choses ne vont pas très bien, par conséquent j'attends un signe de toi pour me faire comprendre que tu es près de moi. Je te prie de me faire aller bien et que les douleurs ne me torturent plus... Je te demande cela à toi parce que tu es le seul qui pourrait me comprendre et j'espère que tu écouteras bien mon message.»

Seigneur, pardonne les complaisants et les paresseux qui, dans leur état de stagnation et d'indifférence de leur être limité, dans la somnolence de ceux qui sont rassasiés et qui se sentent importants, ne parviennent pas à donner, ni même à prier: je te prie pour que tu nous enseignes à aimer, à avoir la charité qui consiste à offrir une partie de soi-même et la solidarité capable d'alléger la douleur.

Je suis la première à avoir besoin de ta grâce pour apprendre à donner de l'amour, au moins un peu de cet amour que tu nous donnes.

Il me vient à l'esprit une réponse que Padre Pio fit à une personne qui lui demandait pourquoi il n'était pas intervenu pour sauver l'épouse du marquis Sacchetti, son fils spirituel intime et estimé. Cette femme pieuse et d'une grande bonté, mère douce et affectueuse, s'était éteinte à la suite d'une grave maladie. Padre Pio dit d'elle: «Que puis-je y faire si elle s'est offerte en victime pour les péchés du monde?».

Les devoirs de Matteo
(15 octobre 2001)

Aujourd'hui j'ai aidé Matteo à faire ses devoirs. Il devait diviser les noms concrets des noms abstraits et les écrire sur son cahier en deux colonnes différentes.

A un moment donné, devant le mot «Dieu» et après un temps de réflexion, il a dit, d'un air convaincu, qu'il devait le mettre parmi les noms concrets.

Je l'ai observé, désappointée, et je lui ai fait remarquer: «Mais qu'est-ce que tu dis, Matteo? Dieu, qui l'a jamais vu? Tu dois mettre le nom "Dieu" parmi les mots abstraits.»

Il m'a répondu: «Mais, maman, que dis-tu! Ce n'est pas vrai que Dieu je ne l'ai jamais vu. Je l'ai vu, il était la lumière!

—Et quand cela?», lui ai-je demandé.

Et lui: «Quand j'allais mal et que je me voyais dans le lit de la réanimation, parce que avec Padre Pio et les anges, et même avant de les voir eux, j'ai vu une grande lumière dont j'étais sûr que c'était Jésus ou Dieu, de toute façon c'est la même chose!»

Ayant dit cela, Matteo a écrit le mot «Dieu» dans la colonne des noms concrets et moi, face à une certitude si ingénue et déconcertante, je n'ai plus eu la force de le contredire.

Puis j'ai réfléchi qu'en effet Dieu n'est pas une abstraction, comme nous, les adultes, nous le répétons continuellement; car même si nous ne le voyons pas de nos yeux, si nous ne le touchons pas de nos mains, si nous ne l'entendons pas avec nos oreilles, il est au-dedans de nous, dans notre cœur et il est d'autant plus perceptible que notre foi est forte.

Jésus disait que le Royaume de Dieu «est au-dedans de nous» et sainte Thérèse ajoute: «Je ne l'ai jamais entendu parler, mais je sens qu'il est en moi, à chaque instant, et qu'il me guide et m'inspire ce que je dois dire ou faire. Je découvre, au moment où j'en ai besoin, des lumières que je n'avais pas encore vues, et le plus souvent ce n'est pas durant l'oraison qu'elles sont les plus abondantes, mais plutôt au milieu des occupations quotidiennes.»

Matteo, avec son ingénuité, avec l'ouverture de son âme d'enfant, a compris que le Seigneur n'est pas une abstraction, mais qu'il est vivant, palpitant en nous et hors de nous.

Ce qu'il advint en novembre 2001

A genoux
(1er novembre 2001)

Mon frère Nicola me racontait, en présence de Teo, des épisodes qui lui étaient survenus, plutôt déplaisants et, à un moment donné, il s'est exclamé avec colère: «Si Dieu existe, si le Christ existe...!»

En l'entendant, Matteo s'est offusqué et d'un air agressif lui a répondu: «Tonton, comment peux-tu dire si Dieu existe? Et moi, alors?», faisant allusion à lui et au fait qu'il était encore en vie grâce au Seigneur.

La conscience d'être vivant grâce à l'intervention du Tout-Puissant est si forte et si claire en lui qu'à ces moments-là il devient, sans s'en rendre compte, un maître de foi et un motif de réflexion pour nous, les adultes. Mais ce n'est pas tout!

Ce soir, nous sommes allés à la messe à Saint-Pie X, l'église où mes frères et moi avons fait notre première communion. Tout de suite après l'homélie, d'un coup, Matteo s'est agenouillé et est demeuré ainsi jusqu'au signe de paix.

Il s'agitait continuellement car ses genoux lui faisaient mal, mais quand je lui demandais de se relever, tentant de lui faire comprendre qu'il ne pouvait pas résister dans cette position pénible jusqu'à la fin de la messe et qu'il était inutile que lui, si petit, s'impose cette pénitence, il m'a répondu qu'il «devait» rester à genoux, pour Francesco du service de réanimation, pour Andrea, pour les enfants malades et pour notre famille, en particulier pour son papa qui avait besoin de son aide.

Il est donc resté à genoux jusqu'au signe de paix, au milieu des regards curieux des participants, offrant son petit sacrifice par amour.

A la maison, après m'avoir expliqué à nouveau le pourquoi de cette pénitence, il a ajouté très tranquillement: «Ces jours-ci, Padre Pio n'est plus venu me voir parce qu'il avait quelque chose d'important à faire; il devait aller chez ceux qui sont malades, il doit faire en sorte que tous aillent bien, alors cela ne fait rien qu'il ne soit pas avec moi maintenant, désormais moi je vais bien.

«Mais j'ai compris que Jésus et lui nous écoutent, par conséquent je suis resté à genoux car si nous prions, ils nous entendent et ils nous donnent les belles choses que nous demandons.»

Quelle splendide philosophie dans l'ingénuité d'un enfant! Quel exemple d'abandon filial au Seigneur! Quelle est grande la Sagesse de l'Esprit qui souffle où il veut, même sur les pensées d'un tout-petit!

Ce qu'il advint en décembre 2001

Le Décret
(13 décembre 2001)

Hier soir, avant d'aller dormir, je me suis arrêtée, comme je le fais d'ordinaire, devant la photo de Padre Pio avec l'Enfant Jésus, celle qu'on m'apporta le jour du réveil de Matteo.

J'ai regardé Padre Pio, je l'ai remercié, je lui ai demandé de prier avec moi le Seigneur pour qu'il protège ma famille, tous ceux qui souffrent et ceux qui se confient à nos prières.

Puis j'ai détaché la photo du mur et je l'ai retournée pour lire les mots qui sont écrits au verso.

En effet, elle se trouve dans un cadre en verre sur les deux faces, précisément pour me permettre, ainsi qu'à mes enfants, de revoir à tout moment ces très belles phrases qui m'ont accompagnée durant ces deux années.

Je me suis souvenue de Michele, l'ami qui m'avait offert cette photo et qui m'avait soutenu, avec beaucoup de détermination, que la sanctification de Padre Pio adviendrait le jour de ma fête.

Hier soir, en tenant la photo, j'ai souri en pensant que vraiment Michele et moi étions peut-être allés un peu trop loin dans notre conviction que tout est signe de Dieu.

Et, en souriant, j'ai dit à voix basse à Padre Pio: «Demain c'est ma fête, mais il ne pourra rien arriver de nouveau car la commission théologique est en train d'examiner le miracle, puis ce sera au tour des cardinaux, ensuite nous aurons des nouvelles après Noël, il faut encore beaucoup de temps.»

Puis, en plaisantant, j'ai ajouté: «Tu m'as déçue, cher papa, je m'attendais à un vrai cadeau pour ma fête, j'ai vraiment cru que ces mots écrits en 1955, cinq ans avant ma naissance, faisaient partie d'un mystérieux projet qui m'était destiné. Bon, alors je vais me coucher, bonne nuit et protège-nous!» Aujourd'hui, 13 décembre, c'est la Sainte-Lucie! J'ai reçu une avalanche de coups de fil de vœux, mais le plus beau et le plus inattendu fut celui du Père Gerardo qui, vers 19 heures, m'a appris, me faisant trembler de surprise et de joie, qu'il venait juste de rentrer de Rome, apportant avec lui la nouvelle officielle de l'approbation du miracle par la commission théologique et cardinalice et de la lecture du Décret sur la sanctification pour le jeudi 20 décembre à Rome au cours du prochain consistoire.

Quand j'ai raccroché, j'ai senti mon cœur et mon cerveau se mêler et battre à une vitesse incroyable.

Je n'arrivais même plus à marcher, ni à parler, j'étais prise dans un tourbillon d'émotions et de souvenirs.

J'étais paralysée, puis je suis arrivée péniblement à me soulever du divan et je suis allée dans le couloir, devant la photo.

Là je n'ai pas pu m'empêcher de m'agenouiller pour remercier; toute ma joie de cet instant et toute ma douleur de deux années de souffrances silencieuses racontées au clavier de mon ordinateur se sont liquéfiées en un torrent de larmes restauratrices.

J'ai commencé à parler à Padre Pio, comme cela m'arrive souvent: «Alors tu savais, tu as toujours su, il y a un projet divin pour lequel chacun de nous a été créé depuis l'éternité et dans lequel il ne peut entrer qu'avec la conviction de vouloir y adhérer, avec l'acceptation confiante d'en faire partie!

«Mais que dis-je? Je ne sais plus! Je sais seulement, j'en suis certaine, que tu as toujours fait partie de ma vie, avant même que je naisse, comme un ange gardien, ou plutôt avec mon ange gardien!

«Mais ma liberté dans tout cela, quelle a-t-elle été? Peut-être d'ouvrir mon cœur?

«Je voudrais que toi, que Marie, que le Christ, me répondiez! Mais je me rends compte qu'à ces questions si complexes — et en ce moment si complexe de ma vie — plus impérieuses sur le mystère de l'amour de Dieu qui s'exprime aussi à travers toi, l'unique réponse possible, c'est la foi!»

En audience chez le pape
(20 décembre 2001)

De notre hôtel, on voit la coupole de Saint-Pierre. J'ai regardé, incrédule, plus d'une fois.

Hier soir, le spectacle était merveilleux, avec les lumières éparses qui attiraient mon attention sur la beauté de ce monument de prière, d'art et d'histoire.

Cela me semblait un rêve de pouvoir observer les détails de la colonnade, la perspective; pouvoir imaginer les mouvements du pape entre ces murs.

Puis j'ai eu un coup au cœur à l'idée de devoir le rencontrer, ce grand pape, dans quelques heures, de pouvoir m'approcher de lui avec mes enfants, de lui présenter, à lui si lié à Padre Pio, mon enfant dont le retour à la vie est l'œuvre de l'intercession de Padre Pio.

Et finalement, la rencontre tant attendue a eu lieu dans la salle Clémentine, avec des cardinaux, des cérémoniaires, des frères. J'ai suivi avec émotion la lecture du Décret sur le miracle, j'ai aimé le tonnerre d'applaudissement qui a suivi: mon cœur était en fête et mon corps en tumulte.

Pendant que nous étions en rang pour baiser la main du Saint-Père, je me disais que le Christ avait réuni dans son Esprit ces deux grands personnages: Padre Pio et Jean-Paul II; qu'il s'était manifesté en Padre Pio (Christ de l'an 2000) et dans la personne du pape (son représentant sur la terre), mais qu'il s'était manifesté aussi comme puissance absolue dans la vie de mon fils, miracle vivant et que cet enfant rondelet et souriant, sans le vouloir, était devenu un anneau entre le ciel et la terre, expression de l'Amour de Dieu.

Quand le Père Gerardo di Flumeri a présenté Matteo au pape, un doux sourire est apparu sur son visage souffrant et sa main droite a caressé la joue de mon enfant.

Ce fut pour moi un moment sublime, d'une joie immense.

En cet instant, j'ai revu le box de la réanimation, je me suis souvenue du drame des attentes derrière la vitre, j'ai baissé les yeux et j'ai demandé l'aide du Seigneur et de Padre Pio, afin que ma joie puisse devenir joie pour beaucoup d'autres familles tenaillées par la maladie.

Je me suis rappelé les paroles du pape Jean-Paul II à propos du miracle comme signe que «l'univers dans lequel vit l'homme n'est pas seulement enfermé dans le cadre de l'ordre des choses accessibles au sens... Le miracle est le signe que cet ordre est dépassé par la puissance d'en haut», et que cette puissance d'en haut c'est Dieu lui-même.

Puis j'ai regardé l'Enfant Jésus, cet Enfant tant aimé par le Père, que le supérieur Gian Maria Cocomazzi a apporté à Rome à notre insu et que nous avons rencontré ce matin, avec joie et émerveillement, dans le hall de l'hôtel, entre ses bras. Cet Enfant qui est sur la photo qui m'est parvenue le jour du réveil de Matteo et qu'il a tenu dans ses bras ce matin, le long de la via della Conciliazione jusqu'à la place Saint-Pierre.

C'est une coïncidence incroyable, une de celles auxquelles Padre Pio est habitué et auxquelles, désormais, je me suis habituée moi aussi.

En cette froide et limpide matinée d'hiver de la capitale, tout en observant mon fils tout emmitouflé dans son gros manteau bleu, ému, concentré pour ne pas faire tomber l'Enfant Jésus, fatigué parce qu'il est encombrant et un peu lourd, ignorant le privilège qui lui est concédé de porter avec lui la statue que Padre Pio avait tant de fois portée en procession à Noël, j'ai réalisé qu'ici, précisément en ce lieu saint qu'est Saint-Pierre, convergent aujourd'hui Padre Pio, le Christ et l'Amour miséricordieux de Dieu et que, peut-être, à travers l'Enfant Jésus et l'enfant miraculé, le Seigneur veut nous rappeler qu'il nous faut nous adresser à lui comme des enfants.

«Le Seigneur veut que nous nous abandonnions complètement à ses attentions amoureuses comme des enfants dans les bras de leur père» (sainte Marguerite-Marie Alacoque).

Le cercle qui s'était ouvert le jour du réveil de Matteo avec cette photo fatidique de Padre Pio et de l'Enfant Jésus s'achève aujourd'hui avec Matteo, ce même Enfant Jésus et le pape.

Et, au milieu de ce cercle, il y a Jésus, avec son Amour immense qui rayonne dans toutes les directions du centre de la vie religieuse que constitue Saint-Pierre.

De la terrasse de l'hôpital
(21 décembre 2001)

Aujourd'hui c'est l'anniversaire de ma mère.

C'est à elle, à ses paroles de catholique fervente, à son exemple de prière et de confiance en la Providence qu'elle nous a donné avec mon père, que je dois la conscience de la force de la foi.

Il y a exactement trois ans aujourd'hui qu'a été publié le Décret sur le miracle de Consiglia de Martino, qui a conduit à la béatification de Padre Pio.

Il y a trois ans, je me trouvais à l'église, à Santa Maria delle Grazie, quand après l'annonce de l'imminente béatification, il y eut une volée de cloches festive et une explosion d'applaudissements de pèlerins et de personnes consacrées.

Ce fut une grande émotion pour moi.

J'étais heureuse d'être là, que mon grand Ami devienne bienheureux, mais je n'aurais jamais pu me douter le moins du monde que la fête en l'honneur de la sanctification allait nous concerner, moi, mon fils, ma famille.

Maintenant je suis ici, au-dessus de l'hôpital. Le spectacle dont on jouit d'en haut est merveilleux.

A ma droite, l'église et les majestueux escaliers de la Via Crucis qui se perdent entre les arbres et la montagne.

En face, la plaine du Tavoliere, sur laquelle le regard s'étend à l'infini.

A gauche, la mer, placide et colorée, dans le golfe de Manfredonia.

Je m'appuie sur la balustrade et mes yeux glissent de la terrasse du quatrième étage jusqu'au fourmillement des pèlerins qui passent, s'arrêtent, arrivent, s'éloignent.

Nous sommes en décembre, c'est Noël, la *bora* (vent froid de cette région, *ndt*), compagne fidèle et infatigable de ce lieu, me coupe le visage et s'enfile sous mon manteau.

Pourtant le parvis de l'église et la cour de l'hôpital, en cette froide journée d'hiver, sont remplis de gens.

Je lève mon regard vers le ciel d'azur balayé par le vent et je me rends compte que je suis heureuse.

Le «Père» comme ses fils spirituels appellent affectueusement Padre Pio, est un aimant puissant; désormais il le sera encore davantage.

Il est difficile de se soustraire à son appel silencieux mais inévitable, qui rassemble ici des foules interminables.

Sa présence et sa force se respirent dans l'air.

Son esprit rend charismatique le lieu et familiers les visages des inconnus.

Son amour pour la souffrance enveloppe les murs de cet hôpital.

Le soulagement que Padre Pio voulait se trouve surtout dans les sourires inlassables de ceux qui, en agissant pour soulager les maux physiques, n'oublient pas que le vrai miracle de ce saint homme est l'oasis de modernité, d'accueil, de services, que représente ce centre scientifique.

Le «miracle d'amour» qui en ce début de nouveau millénaire a fait de San Giovanni Rotondo, un village perdu du Gargano, le pivot de la foi du XXᵉ siècle, se trouve ici et il est également passé — malgré les incrédules — à travers la survie de mon fils.

Et tandis que je me laisse aller à la brûlure du vent, le refrain d'une berceuse me revient, que je chantais en réanimation les jours qui ont suivi le réveil de mon fils, il y a presque deux ans, pendant des heures entières, parce que Matteo, en larmes, me répétait: «Encore». Et comme je commençais à chanter, il fermait les yeux et il semblait que ce son répétitif soulageait un peu sa grande douleur.

«Lala lu, lala lu, dors, mon enfant, les étoiles veillent sur toi
là-haut, lala lu, dors, mon doux trésor, tu es ma petite étoile,
lala lu, lala lu, dors bien, mon petit, et que le ciel veille sur toi,
lala lu lala lu et fais de beaux rêves, lala lu, lala lu, lala lu!»
C'était la berceuse qu'il préférait comme nouveau-né,
c'était la berceuse dont je me souvenais avec une douleur
aiguë les jours de son coma quand je craignais ne jamais plus
le serrer dans mes bras; aujourd'hui c'est la musique qui
symbolise son retour à la vie et qui semble emporter, avec les
notes, toute cette tragédie.

Matteo et Alessandro sont à côté de moi et admirent le
paysage et je me rends compte que toute ma joie de vivre est
en eux qui gesticulent et parlent.

Je regarde l'église et je regarde l'hôpital en dessous, ces
deux édifices qui, situés l'un devant l'autre, expriment et
unissent l'amour de Padre Pio pour les hommes: l'amour
pour les âmes et l'amour pour les corps.

Durant la maladie de Matteo, j'allais et venais, sans me
soucier du froid, entre l'église et l'hôpital; mon monde commençait et finissait là, c'est là qu'ont fusionné l'amour pour
mon fils, la prière et les soins.

Ces jours-là j'ai compris pourquoi Padre Pio avait voulu un
hôpital si proche de l'église: pour permettre de canaliser la
douleur dans la prière, pour pouvoir trouver le réconfort
agenouillé sous l'image gigantesque de Notre-Dame des Grâces, pour pouvoir trouver le réconfort de l'âme, en plus de
celui du corps.

A la fin, Padre Pio a voulu sceller ses deux merveilleuses
œuvres par un miracle dans son hôpital, parmi ses médecins.

Un miracle pour lequel on a prié dans son église.

Un miracle qui s'est accompli en ces journées glaciales
d'un mois de janvier rigoureux, sous la neige, les jours qui
commémoraient sa vêture, dix ans exactement après la clôture du premier procès qui lui avait permis de gravir la première marche vers la canonisation.

Lui qui est apparu dans le monde entier, qui a dispensé des
grâces d'une extrémité à l'autre de la terre, pour gravir la

dernière marche de la sanctification, il a choisi un enfant, né dans le village qui l'avait accueilli et aimé pendant cinquante ans, il a choisi son hôpital, il a choisi une maman qui, inconsciente de ce qui allait arriver mais poussée par le désir de sauver son fils, a prié dans les lieux rendus saints par sa présence.

Maintenant je suis ici avec mes enfants et, de cette terrasse qui domine le village, je ne peux que répéter en silence: «Je suis heureuse, mais toi, cher Père, ne t'arrête pas, continue à dispenser des grâces sur le monde entier par les mérites de cette incroyable souffrance qui t'a rendu semblable au Christ!»

Et puis, aujourd'hui, c'est un très beau jour aussi pour un autre motif.

Dans l'après-midi s'est déroulé le spectacle organisé par les enseignants de l'école élémentaire Pascoli, et Alessandro était habillé en Padre Pio.

La professeur Ambriola l'avait choisi à mon insu et Alessandro avait préparé son rôle sans me raconter grand-chose.

Alors ce fut vraiment émouvant et un grand honneur de le voir dans l'église Sant'Onofrio devant l'Enfant Jésus, comme hier Matteo à Rome: mes deux trésors, grâce à Padre Pio, ensemble avec le petit Jésus.

Alessandro évoquait les extases de Padre Pio et les apparitions de l'Enfant Jésus et, pour moi, écouter de sa voix ces paroles lues et relues tant de fois a constitué une émotion sans égale.

Ces deux journées resteront dans ma mémoire, dans celle de mes enfants, comme un cadeau sans prix que Padre Pio a voulu nous offrir sans aucun mérite de notre part.

Un baiser sur le front
(23 décembre 2001)

Ce soir, une chaîne privée a diffusé une émission spéciale sur Padre Pio.

A notre insu, cette émission a reconstitué les moments les plus dramatiques de l'hospitalisation de Matteo, faisant intervenir des voix off qui lisaient (et je me demande comment les journalistes ont pu avoir les textes de nos rapports qui ne sont pas encore en circulation) mon témoignage et celui d'Antoine lors du procès diocésain.

J'étais seule dans la cuisine et j'ai été envahie par une grande émotion, parce que écouter sa propre histoire racontée par d'autres personnes et sans préavis, et surtout écouter ses propres paroles, constitue une sensation désagréable et très douloureuse. En un instant j'ai revu toute la douleur, la détresse de ces longs jours dramatiques et les blessures qui ont tant de mal à se refermer se sont rouvertes.

Matteo était dans sa chambre en train de regarder un film, ou du moins le pensais-je, mais à la fin de l'émission, alors que j'essuyais mes larmes et tâchais de me reprendre, je l'ai senti arriver en courant, se jetant contre moi avec une telle violence qu'il me déplaça, moi et la chaise sur laquelle j'étais assise; il m'étreignit très fort et m'imprima deux gros baisers sonores sur le front en me disant: «Maman, je t'aime beaucoup, je t'aime beaucoup, je te dois beaucoup»; tout de suite après il m'a donné un autre baiser et, en souriant, il a ajouté: «Tu as beaucoup souffert, je le comprends maintenant. Toi, maman, tu es spéciale.» Et il m'a offert son plus beau sourire, ainsi qu'un autre baiser sur le front, car il sait que je les aime.

Alors j'ai compris qu'il avait vu quelque chose qui le concernait, mais faisant mine de ne pas avoir compris, je lui ai demandé pourquoi il me disait toutes ces choses. Et lui: «J'ai pris la télécommande et quand le film s'est terminé j'ai changé de chaîne et j'ai entendu une voix de femme qui parlait de tonton Giovanni et de moi, c'était toi, maman, hein? Maintenant j'ai compris combien tu as souffert pour moi, je croyais que quand j'allais mal, toi tu n'étais pas là et c'est tout; en revanche tu pleurais et tu priais et tu ne pouvais même pas me voir, ni m'embrasser; je le regrette, je t'aime tant!»

Je pensais que Matteo n'aurait compris qu'en étant plus grand combien j'avais été proche de lui par l'amour et la

prière, tout en étant loin physiquement. Mais une télécommande, par hasard, disons par hasard, ou peut-être
par «coïncidence», a raccourci les temps que j'imaginais très
longs pour récupérer l'affection de mon fils, convaincu que
seul son papa, auquel il a été permis de rester à l'hôpital à
côté de lui en qualité de médecin, l'avait aimé durant ces
jours de souffrance.

Ce soir, quelqu'un a fait parler mon silence et, avec des
baisers de Matteo, j'ai pacifié mon cœur tourmenté par le fait
de ne pas pouvoir expliquer à mon fils ma présence à l'écart,
exprimée seulement par l'offrande et la prière.

Il me semble entendre Jésus dire à sainte Faustine: «Fais
ce que tu peux, je pense au reste.»

«Maman, pourquoi tu pleures?»
(Noël 2001)

«Tu as été forte, tu as été forte!», me dit tout le monde. «Tu
as été forte dans cette espérance contre toute espérance!»

Mais moi je n'ai pas été forte, je n'ai rien été et je ne suis
rien qu'une maman qui a prié, en pensant, pendant que se
déroulait le drame de la fin de Matteo, à l'Evangile, au Christ,
à sa promesse que Padre Pio répétait en disant le chapelet:
«Demandez et l'on vous donnera, frappez et l'on vous
ouvrira... tout ce que vous demanderez au Père en mon nom,
il vous l'accordera.» Je me le suis répété tant de fois.

Dans ces moments de douleur, j'ai demandé avec insistance et impertinence, mais certaine que Jésus m'écouterait,
selon sa volonté, et en promettant, en échange, ma vie, ma
vie, comme n'importe quelle autre mère l'aurait fait.

Que de fois j'ai répété à mes enfants: je vous aime «plus
que ma vie», «je donnerais ma vie pour vous».

Et ce 20 janvier fatidique, il m'est arrivé d'offrir vraiment
ma vie en échange de celle de Matteo.

Il y a quelques jours, j'ai parlé avec don Biagio qui m'a
rappelé ma promesse, m'expliquant que donner sa vie ne
consiste pas à «mourir», car mourir serait trop simple.

Donner sa vie, c'est cheminer, en offrant tout au Seigneur; c'est le changement qui prévoit l'annulation de l'esprit d'orgueil pour s'en remettre totalement à Dieu et surmonter ainsi les barrières des sentiments humains de revanche, d'orgueil et d'affirmation de soi.

J'expérimente tout cela, j'éprouve la douleur de devoir s'humilier, continuellement, pour rendre à Dieu grâces et louanges, alors que mon caractère me conduirait à crier contre ceux qui me blessent que je suis plus forte.

Sœur Teresa m'a répété elle aussi les mêmes mots: «Donner sa vie, ce n'est pas mourir, c'est demander pardon, avoir confiance, et surtout apprendre à pardonner et à donner aux autres, en particulier à ceux qui te maltraitent et que tu serais capable, avec la force de ton caractère, d'anéantir pour les faire taire.»

Souvent je me retrouve en larmes, à cause de mon incapacité à être comme je le devrais, à cause de la colère qui m'envahit et qui voudrait me pousser à la vengeance et à l'offense. Mais je regarde Matteo et je comprends que la joie de le voir grandir a un très grand prix, ma vie, le renoncement à être celle que je voudrais et saurais être dans le monde: c'est ma consécration à Dieu, douloureuse et soufferte.

L'autre soir, lors d'un moment de faiblesse, de fatigue, de découragement, parce que je réfléchissais sur la difficulté d'être celle que j'ai promis d'être, parce que je ne parviens pas encore à me détacher de mon besoin de dominer, j'ai commencé à parler au Seigneur et à Padre Pio à haute voix: «Pourquoi moi, moi qui suis fragile, faible, mauvaise, moi qui n'arrive pas à aller de l'avant toute seule, pourquoi m'as-tu choisie, moi qui suis incapable de te suivre?».

Matteo m'écoutait, il est venu près de moi, il m'a embrassée très fort et m'a dit: «Maman, pourquoi pleures-tu? tu es forte, tu as toujours été forte, je suis fier de toi qui penses aux autres enfants, qui aides les personnes pour moi. Ce n'est pas vrai que tu ne vaux rien, si tu ne m'avais pas mis au monde, si je n'étais pas né, Padre Pio ne serait pas devenu saint et puis tu as tant prié, pas moi.»

Ses mots m'ont abasourdie, je lui ai dit qu'il n'y avait rien de quoi être fier, que j'avais prié et c'est tout, comme l'aurait fait n'importe qui; que oui, j'avais beaucoup désiré qu'il naisse, que j'avais fermement voulu un second enfant, mais que je n'avais certes rien fait, absolument rien pour la sanctification de Padre Pio, qu'il aurait pu devenir saint grâce à n'importe quel autre miracle, que ma souffrance n'avait rien été par rapport à la sienne, que j'aurais voulu être à sa place quand il allait si mal et que probablement je suis la plus mauvaise des chrétiennes.

Mais il m'a répété, imperturbable: «Maman, je suis fier de toi, je te vois quand tu es toute seule dans ton bureau et que tu écris après ton travail. Je suis sûr que mon histoire aidera beaucoup de gens!»

J'ai beaucoup pleuré, mais à la fin j'étais sereine; cet enfant merveilleux dont les yeux verts pénètrent jusqu'au fond de ton âme lorsqu'il parle, cet enfant merveilleux que je devrais consoler, est parvenu à me donner la force, à me faire comprendre pleinement le sens de mon offrande quotidienne au Seigneur, pour me l'avoir rendu sain et porteur du message divin de miséricorde et de toute-puissance.

Je me suis souvenue que quelques jours auparavant j'avais demandé au Père Gerardo: «Quand on me demande pourquoi ce miracle est arrivé à moi, que dois-je répondre?». Et lui: «Le Seigneur l'a voulu ainsi!»

J'ai alors demandé au Seigneur: «Si tu en l'as voulu ainsi, rends-moi digne de ce don par ta force, donne-moi la grâce d'être comme tu le veux, de comprendre et de mettre en pratique ta volonté.»

Hier, tandis que je me disais qu'il était bien difficile de surmonter le malaise de mes propres limites, tandis que je me disais que j'étais fatiguée de me soutenir et de soutenir les autres, parce que souvent, malgré la foi et les dons, nous succombons à notre humanité, petite et épuisée, je suis tombée sur une prière de saint Ignace qui m'a remonté le moral et m'a permis de retrouver le sens de mon cheminement:

«Prends, Seigneur, accepte toute ma liberté,
ma mémoire, mon intelligence,
toute ma volonté,
tout ce que j'ai et ce que je possède.
Tu me l'as donné; je te le rends, Seigneur.
Tout est à toi;
dispose d'eux selon ta sainte volonté.
Donne-moi seulement ton amour et ta grâce;
cela me suffit».

Puis, à l'improviste, j'ai eu une intuition étrange. J'ai pensé que Matteo était né à trois heures du matin un vendredi, «à trois heures d'un vendredi», une heure et un jour qui rappellent la Passion du Christ.

J'ai également fait un arrêt cardiaque un vendredi, entre neuf heures et midi, comme lorsque Padre Pio a reçu les stigmates.

Il a été à l'hôpital quarante jours, comme les quarante jours du Carême, de la Passion du Christ, de son séjour au désert, comme les quarante jours où Padre Pio a été très mal, entre la vie et la mort, et tourmenté par les vexations diaboliques à Venafro.

Il a été dans le coma onze jours, le même nombre de couvents dans lesquels Padre Pio a séjourné avant d'arriver à San Giovanni Rotondo.

Ainsi je me rends compte que tout dans notre histoire relève de l'incroyable et que je dois apprendre, instant après instant, en rattachant notre expérience au Seigneur, à accepter toutes les épreuves qu'il me réserve: même les calomnies de ceux qui n'ont rien d'autre à faire qu'à penser à nous et à propos desquels me reviennent à l'esprit les mots de Jésus à sainte Faustine: «Il y a des âmes pour lesquelles je ne peux rien faire; ce sont les âmes qui épient continuellement les autres et ne savent pas ce qui se passe en elles: elles parlent continuellement des autres... Pauvres âmes, qui n'entendent pas mes paroles..., ne me cherchent pas à l'intérieur de leur cœur, mais dans les commérages, où Moi je ne suis jamais: elles entendent leur vide, mais elles ne reconnaissent pas leur faute et les âmes dans lesquelles Moi je règne totalement constituent pour elles un incessant remords de conscience. Au lieu de se corriger, elles ont un cœur qui se gonfle d'envie... Et elles sont déjà au bord du précipice. Elles envient mes dons aux autres âmes, mais elles-mêmes ne savent pas et ne veulent pas les accepter.»

Ce qui advint en janvier 2002

L'association «Le Cyrénéen»
(6 janvier 2002)

«Mon fils adoré, rappelle-toi toujours que la vie est un don merveilleux et qu'exister est toujours une joie! Courage et volonté et foi, toujours! Ce sera le moteur pour réaliser tes rêves et affronter tes batailles.
Ton destin sera ton envie de vaincre, dans le respect des autres et avec l'aide de la prière.
L'avenir est à toi!

Maman.»

J'ai relu en pleurant, mon cher enfant, les paroles que je t'avais dédiées à ta naissance, quand j'avais décidé de recueillir dans un album illustré d'images colorées et joyeuses tous tes progrès quotidiens, comme je l'avais fait aussi pour Alessandro.

Aujourd'hui, en ouvrant cet album et en relisant ces mots, je me suis rendu compte que la prière, la prière précisément t'a aidé à revivre.

Que le Seigneur soit béni et que Padre Pio soit remercié pour son intercession.

Ces mots, je les avais écrits en pensant qu'un jour, très lointain, étant adulte, peut-être même quand je ne serais plus là, tu aurais ouvert ce livre avec émotion et que tu aurais trouvé dans cette simple phrase le souvenir de ta maman qui t'aimait tant étant enfant et que tu avais tant aimée.

En revanche, il y a deux ans nous avons été sur le point d'interrompre toutes les nouvelles sur tes progrès d'enfant et de voir le cycle biologique bouleversé.

Bien des pages auraient pu demeurer en blanc pour toujours. Maintenant, en revanche, les jours de ta maladie et ceux de ton retour à la vie y sont aussi racontés, et je me rends compte du poids qu'ont revêtu ces mots: foi, prière.

Quarante jours avant ta maladie, j'ai dû aller aux Urgences pour une hospitalisation; c'était le 11 décembre et je devais faire une fausse couche, car ma grossesse se passait mal.

J'étais angoissée, car j'avais déjà eu du mal à accepter cette nouveauté imprévue et inattendue, surtout à cause de mes quarante ans qui me faisaient craindre pour la santé de cette nouvelle vie.

Quand, m'abandonnant avec volonté, mais pas avec conviction, je dois l'admettre, à la foi, j'avais accepté cette nouveauté, tout s'est précipité.

Aux Urgences, involontairement j'ai regardé l'armoire à pharmacie.

Un feuillet y était accroché, avec une très belle prière. Je la lus et elle me donna des forces.

Ensuite je n'ai plus pensé à cette prière.

Il y a quelques jours, je suis allée au couvent et je me suis confessée à don Carlo, un paulinien que j'ai connu à la suite de la maladie de Matteo et qui est devenu un ami très cher, un point de référence grâce à sa sympathie.

Il tenait en main cette même prière que je veux maintenant rapporter, car vraiment j'ai expérimenté dans ma vie que c'est quand je croyais être seule que le Seigneur était le plus près de moi.

Cette nuit j'ai fait un rêve,
j'ai rêvé que je marchais
sur le sable
accompagné par le Seigneur,
et, sur l'écran de la nuit,
étaient projetés

tous les jours de ma vie.
J'ai regardé derrière moi et j'ai vu
qu'à chaque jour de ma vie,
projeté dans le film, des empreintes
apparaissaient sur le sable:
une pour moi et une pour le Seigneur.
Ainsi je suis allé de l'avant,
jusqu'à la fin de mes jours.
Alors je me suis arrêté
en regardant en arrière,
remarquant qu'en certains endroits
il n'y avait qu'une seule trace...
Ces endroits correspondaient aux jours
les plus difficiles de ma vie:
les jours de plus grand souci,
de plus grande peur
et plus grande douleur...
J'ai alors demandé:
«Seigneur, tu m'avais dit
que tu serais avec moi
tous les jours de ma vie,
et moi j'ai accepté de vivre avec toi.
Mais pourquoi m'as-tu laissé seul
précisément aux pires moments
de ma vie?».
Le Seigneur répondit:
«Mon Fils, je t'aime
et je t'avais dit que je serais avec toi
durant tout ton cheminement
et que je ne te laisserais pas seul
pas même un instant,
et je ne t'ai pas laissé...
Les jours où tu n'as vu
qu'une seule empreinte sur le sable,
ce sont les jours
où je te portais dans mes bras.»

De temps à autre, durant la journée, pendant que j'accomplis toutes sortes d'activités disparates: travail, voyage, activités ménagères, contrôle des devoirs de mes enfants, un frisson me parcourt et, à l'improviste, devant mes yeux et devant mon cœur repassent les images de ces jours terribles, me glaçant littéralement.

Je vois Matteo qui tremble sur le petit lit thermique, tandis que sa température continue de monter sur l'écran de la machine, et ma terreur, et ma prière ininterrompue.

Je vois Matteo qui, les jours suivant son réveil, ne réussit pas à dormir plus de dix minutes par nuit à cause de la douleur, de la peur, parce que ses rythmes sont altérés et que nous ne réussissons pas à remplir ses heures de souffrance interminables. Je me revois en sueur sous la combinaison et le masque suffocants, observant grâce à l'aiguille des minutes de l'horloge à l'intérieur du box la lenteur incroyable du temps qui doit rythmer petit à petit la reprise de mon fils, tandis que mes frères passent, immobiles et debout, des heures et des heures de l'autre côté de la vitre pour ne pas me laisser seule avec mon incapacité et mon impuissance, à côté de mon fils.

Je sens les pleurs de Matteo, altérés par la trachéotomie, lorsque l'on soignait ses plaies, si semblables à celles que j'ai vues en photo sur les mains de Padre Pio.

Je me dis que la douleur d'un enfant est dans l'âme une trace au fer rouge qui marquera pour toujours toute action, même si Matteo est vivant.

Je pense aussi aux mamans qui ont perdu leurs enfants ou qui vivent leur douleur dans la solitude la plus totale et je voudrais crier au monde qu'il est nécessaire de se tourner vers ceux qui souffrent; c'est nécessaire parce que la croix portée seul est trop lourde, alors qu'un geste, une prière, une parole, un sourire soulagent, ne serait-ce qu'un instant, le tourment de l'âme et du corps.

Je rêve alors que notre association «Le Cyrénéen» devienne la réalité où l'amour puisse rendre moins dramatique la douleur, où puisse s'exprimer l'enseignement de Padre Pio: être le «Cyrénéen» de l'autre.

Dans l'introduction à une fable que j'ai écrite, avec mon frère Giovanni et ma belle-sœur Michela, j'avais résumé notre intention en une brève et simple phrase que je veux rapporter ici, parce que cette phrase est vraiment, sans rhétorique, notre credo et notre façon de dire merci à Dieu:

«Il existe une énergie dans la volonté d'aimer, capable de dissoudre les résistances de la douleur, capable de créer le pont de la communication, au-delà de toute limite patholo-gique. Il faut simplement frapper à la porte du cœur de tout être humain, petit ou grand. Nous, nous avons essayé.»

J'ajoute maintenant que nous continuerons à essayer tant que le Seigneur nous en donnera la force.

Le pape Jean-Paul II, «l'homme de la prière», écrivait dans sa Lettre apostolique *Novo Millennio ineunte:* «Dans notre cœur résonnent à nouveau les paroles par lesquelles Jésus, après avoir de la barque de Simon parlé aux foules, invita l'apôtre à "avancer au large" pour pêcher: *"Duc in altum"*. Pierre et ses premiers compagnons firent confiance à la pa-role du Christ et jetèrent leurs filets. "Et, l'ayant fait, ils cap-turèrent une grande multitude de poissons." *Duc in altum!* Cette parole résonne aujourd'hui pour nous et elle nous in-vite à faire mémoire avec gratitude du passé, à vivre avec passion le présent, à nous ouvrir avec confiance à l'avenir: "Jésus-Christ est le même, hier et aujourd'hui, il le sera à jamais"... Avançons avec espérance. Le Fils de Dieu, qui s'est incarné il y a deux mille ans par amour de l'homme, accom-plit aujourd'hui encore son œuvre: nous devons avoir des yeux pénétrants pour la voir et, surtout, un grand cœur pour en devenir nous-mêmes les instruments.»

Ces merveilleuses paroles du pape (ce pape qui a tant aimé Padre Pio, ce pape que Padre Pio a permis à ma famille de rencontrer), cet ardent désir de faire confiance à Dieu et d'es-pérer, sont le sceau de ce livre, écrit pour transmettre un mes-sage de foi et d'espérance; qu'elles soient aussi un point de départ pour l'existence de tous ceux qui liront notre histoire.

Duc in altum!

Matteo, qui fête maintenant ses neuf ans, m'a dit le 1er janvier, avec une simplicité et une profondeur incroyables: «Maman, je suis fier d'être mort et ressuscité car ainsi Padre Pio est devenu saint.»

D'ici quelques jours, le 20 janvier, deux ans après sa maladie, une messe d'action de grâces sera célébrée à Santa Maria delle Grazie pour Padre Pio et pour mon fils, une très grande âme et une âme innocente qui resteront unies dans l'histoire de l'humanité à travers Dieu et la prière.

La vie de Matteo sera liée, indissolublement désormais, à celle de Padre Pio. Il me semble qu'il s'agit d'un don trop grand, trop beau, pour lequel mes remerciements seront toujours trop faibles, trop faibles!

Et puis je veux me répéter pour toujours les paroles de Mère Teresa de Calcutta: «Nous devons grandir dans l'amour et, pour le faire, nous devons continuer à aimer et donner jusqu'à en avoir mal, comme l'a fait Jésus. Faire des choses ordinaires avec un amour extraordinaire: des petites choses, comme assister les malades ou les sans-abri... tu dois donner ce qui te coûte quelque chose. Donc, cela ne signifie pas seulement donner ce dont tu peux te passer, mais ce dont tu ne peux pas te passer ou dont tu voudrais te passer... Alors ton don devient un sacrifice, qui aura de la valeur aux yeux de Dieu. Tout sacrifice est utile s'il est fait avec amour... La prière active est amour, et l'amour actif est service... L'important, c'est de faire quelque chose (même une petite chose) et démontrer par ses actions, en donnant de son temps, que l'on aime.»

Un très grand mystère
(20 janvier 2002)

Il est 11 heures, après beaucoup d'excitation, de préparatifs et d'attente, la cérémonie commence en l'église de Santa Maria delle Grazie.

Beaucoup, mais vraiment beaucoup de gens ont participé à son organisation.

La sacristie est pleine de paniers remplis de sandwichs préparés tout exprès. Depuis hier après-midi, Isabella et Nunziatina courent de tous les côtés pour que tout soit fin prêt.

Le maître-autel est orné de corbeilles de roses rouges, les roses que Padre Pio demandait d'apporter à la Vierge de Pompéi, pour la remercier de sa protection et de son intercession.

Je rêvais tellement de pouvoir remercier la Vierge par cet hommage qu'avait coutume de lui rendre Padre Pio, qui sollicitait les hommages floraux à la Vierge, si bien qu'un jour il dit à Lea Bardelle, qui lui avait dit qu'elle avait offert en son nom des fleurs à la Vierge: «C'est pratiquement ce que j'exige. Dans chaque pétale de ces fleurs il y a mes malades.»

Matteo est assis devant nous, sur la petite estrade à gauche de l'autel, avec, à ses côtés, sa cousine Valeria, ses camarades, Marco, Amilcare, Nunzia; un peu plus loin se trouvent Alessandro et Francesco.

Je ressens une joie profonde au fond de moi.

Je regarde la mosaïque de la Vierge, que j'aime tant. Je regarde la tribune et il me semble voir Padre Pio, assis là, une main appuyée sur la balustrade, son chapelet pendant à l'autre bras, qui bénit et sourit.

Oui, il me semble le voir souriant, qui assiste de là-haut à cette fête liturgique en son honneur, en l'honneur de sa Petite Maman et de Jésus.

Le Père Gianmaria Cocomazzi célèbre l'Eucharistie et, avec lui, le Père Gerardo di Flumeri, recueilli dans son silence digne et humble, le Père Paolo Cuvino, toujours doux et solaire, et le Père Franco, qui fait office de cérémoniaire.

Le psaume 39 est chanté; il semble avoir été choisi pour moi:

«J'ai espéré dans le Seigneur et il s'est penché sur moi, il a entendu mon cri... Au rouleau du livre il m'est prescrit de faire tes volontés; mon Dieu, j'ai désiré ta loi au plus profond de mon cœur.»

L'offertoire est émouvant: voir Matteo — avec son frère, sa cousine et ses amis — qui porte le pain me semble un rêve. J'ai voulu consacrer à Jésus des mots simples, mais qui ont jailli de mon cœur et j'espère qu'ils deviendront pour moi et pour tous les autres des présences vivantes. La chorale chante très bien et la trompette rend la cérémonie plus touchante, servant de fond musical à l'offrande des dons:

«L'hostie qui, une fois consacrée, renferme dans sa candeur le mystère de ta présence et la puissance salvifique de ton sacrifice, capable de donner une vie nouvelle aux cœurs;

Le vin, sang béni de ta Passion, sacrifice pour la rédemption universelle, qui véhicule tant de grâces et de bénédictions sur l'humanité;

Le pain, fruit du travail de l'homme, don de ton amour, expression de ton don total à l'humanité et qui, en ton Nom, devient nourriture pour la vie éternelle;

Le raisin, produit de la vigne sainte, annoncée par les prophètes et sommet du mystère de participation à la vie de Jésus et de communion avec l'Esprit Saint;

Le cierge, qui te dit: éclaire-nous, Seigneur par la puissance de ton Esprit, afin que tu puisses allumer en nous la flamme de la charité et de l'amour, et, à travers notre exemple de chrétiens, que ta lumière éclaire le monde entier;

Les fleurs, pour que tu nous apprennes à comprendre que tout ce que nous avons est un don merveilleux de ta bonté et que tout élément de la création, même une simple fleur, exprime ta Toute-Puissance et ta Grandeur.»

Même la prière universelle est particulière; elle est consacrée aux malades et aux familles:

«Pour les malades, afin que dans la Passion du Christ ils trouvent la force d'accepter la souffrance comme acte d'amour envers Jésus et, dans la prière, le réconfort et le moyen suprême pour recevoir de Dieu des grâces spirituelles et corporelles...

... afin que dans les hôpitaux le malade soit assisté dans le plein respect de la dignité humaine, en étant conscient que dans tout être souffrant il y a le Christ crucifié et que tout médecin est l'instrument de la volonté et de la toute-puissance de Dieu...

... afin que les familles enrichies et confortées par la grâce de Dieu sachent être dans la vie de chaque jour des témoins de l'Evangile et porteurs de joie et d'espérance dans toute réalité de vie...

... afin que tout croyant apprenne à renier sa propre volonté, en se confiant à la miséricorde de Dieu, conscient que c'est sa grâce qui fortifie et que seules l'humilité, la patience et la charité chrétiennes apportent la paix et l'amour universel.»

A la fin de la célébration, les instrumentistes montent à l'autel. Il s'agit d'un groupe d'amis jouant de la flûte, de la mandoline, de la guitare, plus une voix de soliste: ils m'offrent le «Cantique des créatures».

Je leur avais demandé de le préparer parce que Padre Pio est l'élu de saint François, parce que j'espère que cette musique fera monter plus fortement au ciel ma prière d'action de grâces, ainsi que ma requête de faire descendre sur nous et sur ceux qui souffrent, à travers l'Eucharistie, une bénédiction spéciale.

A la fin de la messe, mes fils et mes nièces ont libéré quatre colombes blanches, en signe de paix et surtout en signe de dévotion à l'Esprit Saint et à sa puissance.

Ensuite mes amies m'ont apporté les sandwichs bénis, dont une grande partie a été distribuée sur le parvis de l'église, aux malades: en pédiatrie, en chirurgie, en urologie et en réanimation.

J'espère que ce pain apportera dans les couloirs de l'hôpital un signe d'espérance, d'affection et, je le dis à Padre Pio, que si pour chaque sandwich une petite et simple prière monte au ciel, comme les sandwichs sont nombreux, le Seigneur ne restera pas sourd au moins à quelques-unes des requêtes d'aide et de bénédiction qui partent de l'hôpital.

En allant manger au réfectoire des frères qui nous accueillent, il me revient à l'esprit la phrase que Matteo m'a dite le soir de son hospitalisation, dans l'infirmerie de la pédiatrie, alors qu'il était déjà en état de choc.

Ce fut un bref instant, il ouvrit les yeux et, le regard perdu dans le vide, il cria: «Papa, papa, quand je serai grand je veux devenir riche pour donner tout aux pauvres.»

Cette phrase que je me répétais continuellement avait eu pour moi un sens particulier. Je pressentais qu'elle renfermait un message d'espérance pour moi, car elle me donnait la force de croire que Matteo grandirait.

Maintenant elle me donne la force d'aller de l'avant, courageusement et sobrement, pour aider les moins heureux.

En ces jours où la presse et la télévision nous ont fait des offres en tout genre, où des gens mal dégrossis répètent: Va savoir combien d'argent elle a gagné ou gagne la famille Colella, mon mari et moi avons fermement choisi de ne rien accepter de personne, de ne pas accorder d'interviews exclusives, car tout d'abord il n'est pas possible de quantifier la vie d'un enfant, elle n'a pas de prix, et ensuite parce que les paroles de Matteo résonnent dans ma tête.

Notre témoignage ne vaut et ne vaudra qu'en l'honneur et à la gloire de Padre Pio et du Seigneur, afin qu'à travers nous, humbles instruments, puisse passer la force de l'espérance qui se transmet par la prière.

Tant que le Décret du miracle n'avait pas été promulgué, mon mari et moi sommes restés silencieux et nous n'avons pas fait de déclarations parce que nous voulions attendre, respectueusement et en retrait, la décision des commissions.

Après le Décret, nous aurions souhaité continuer à vivre dans le silence et la discrétion, surtout pour protéger Matteo d'une notoriété inutile et néfaste.

Mais nous nous sommes rendu compte petit à petit que notre témoignage, bien que pénible et difficile, pouvait servir à ceux qui ne croient pas aux miracles, à ceux qui estiment que cette histoire est montée de toutes pièces, à ceux qui ont besoin de réconfort, à ceux qui veulent faire de la prière leur force.

L'histoire de mon fils est un très grand mystère; c'est aussi un très grand mystère que, comme cela s'était déjà produit quelques jours auparavant et en d'autres occasions, il m'ait dit à l'improviste (car j'étais allée le chercher à l'école et donc nous parlions de tout autre chose, de ce qui lui était arrivé en classe): «Maman, je suis content d'avoir souffert pour Padre Pio.»

J'étais allée le chercher à l'école et je venais juste de lui demander comment s'étaient passées la matinée et la classe, donc ses paroles étaient totalement hors de ce contexte. J'ai fait semblant de ne pas avoir entendu et j'ai tout de suite posé une autre question sur l'école.

Je ne voulais pas aborder avec lui ce sujet si délicat, mais cela m'a émue et pendant toute la journée, en moi-même, je me suis répétée qu'un enfant qui a tant souffert ne peut certes pas être content de cela.

Son histoire est un mystère, un mystère.

Sa longue hypoxie cérébrale, la saturation d'oxygène à 18%, l'arrêt cardiaque et la pleine reprise des fonctions cérébrales; le renoncement des médecins face à un pronostic absolument mortel, qui ne laisse aucune place ou marge de salut, et son salut lui-même demeurent un mystère.

C'est un mystère qu'au moment où l'on s'apprêtait à l'emmener à la morgue, après une longue pause d'impuissance, une doctoresse, poussée par un élan maternel, ait poussé son collègue à faire une dernière tentative.

C'est un mystère que cinq ampoules d'adrénaline injectées dans la confusion d'instants si dramatiques, dans la conscience d'avoir perdu un enfant, aient conduit le cœur à reprendre son fonctionnement.

C'est un mystère qu'alors que tous les médecins du service de réanimation et d'autres services — regardant mon fils encore en vie mais déchiré par l'enchaînement de complications toujours plus dramatiques et théoriquement irréversibles — ne me laissaient aucune espérance, ni à moi, ni à mon mari, ni à mon frère Nicola, médecin lui aussi, ni à mon frère Giovanni, j'ai eu la force de croire que Matteo s'en sortirait.

C'est un mystère de se rappeler les regards baissés du médecin chef et de son équipe qui, Matteo étant déjà réveillé et jouant à la *Play-Station* dans son box de réanimation, ne parvenaient pas à me réconforter car, à part son cerveau, les autres organes étaient reliés à des machines: les reins, les poumons auraient pu ne jamais reprendre leurs fonctions normales.

C'est un mystère d'écouter mon frère Nicola raconter qu'il a vu Matteo le matin suivant la première nuit d'hospitalisation, qu'il a observé et qu'il a fait observer à Antonio que les nombreuses taches qui recouvraient son corps et son visage la veille, avaient mystérieusement disparu de son visage et «seulement de son visage».

C'est un mystère de se rappeler que toutes les parties du corps de Matteo ont recommencé à fonctionner normalement et complètement jour après jour.

C'est un mystère de se rappeler ses plaies, qui ont guéri peu à peu, une à une, sans qu'aucune ne s'infecte, alors qu'une seule plaie aussi profonde que celles de Matteo aurait suffi à provoquer une infection grave et généralisée.

C'est un mystère de penser que le 21 janvier au matin, avant que n'advienne le dramatique arrêt cardiaque, alors que j'étais en dehors du service de réanimation, à pleurer et à prier en répétant: «Seigneur, ils m'empêchent de le voir, je t'en prie, donne-lui ta main, donne-lui ta main», Angela, l'infirmière de garde, une personne splendide d'une grande humanité et d'une grande foi, s'approcha de Matteo pour le consoler et pour prendre sa main.

C'est un mystère de voir Matteo courir, aller jouer au basket, au football, faire ses devoirs, et se fiancer encore et encore avec ses petites amies.

C'est un mystère qui, j'espère, donnera force et courage à ceux qui traversent la douleur, car Dieu est au-delà de la science et il peut corriger l'erreur humaine, transformer la mort en vie.

C'est un mystère qui, j'espère, donnera la force à ceux qui travaillent en hôpital, médecins ou personnel paramédical, de croire que nous, les êtres humains, nous ne sommes que des instruments; que Dieu seul peut prononcer le mot «fin»; qu'il y a une vie qui va au-delà de la vie; que dans chaque décision il ne faut pas baisser les bras, pas même devant ce qui peut nous sembler une fin, car la toute-puissance et la miséricorde de Dieu peuvent œuvrer à tout moment en effaçant ou en soulignant l'erreur humaine.

Elisa, une de mes chères amies de Foggia qui connaît bien la spiritualité de Padre Pio, me répète souvent: «Mets l'orgueil sous tes pieds, efforce-toi d'être humble, un peu plus chaque jour, tu verras que le Seigneur réussira à œuvrer en toi et en ceux qui sont autour de toi.»

Malgré cela, je me demande souvent pourquoi tant d'enfants meurent, pourquoi?

Je me réponds que tous, nous tous, nous devons prier et offrir pour que le Seigneur use encore de plus de miséricorde, pour qu'il suspende encore plus d'«exécutions», comme dit Padre Pio à Raffaelina Cerase. Nous devons peut-être rendre plus vigoureuse notre foi, afin que l'abandon confiant à Dieu rende ses dons plus nombreux.

L'été dernier, le Père Gerardo di Flumeri, durant un bref déplacement en voiture pour se rendre chez l'évêque de Manfredonia, me raconta, pour souligner la puissance de la foi, un épisode survenu à saint Gerardo Maiella, un saint d'une grande foi et d'une grande ingénuité.

Saint Gerardo se trouvait dans le jardin du couvent et devait tirer l'eau du puits.

Lors d'un instant de distraction, la clef du réfectoire tomba dans le puits.

Pris de panique, car sans cette clef aucun frère n'aurait pu aller manger, il décida de demander de l'aide à l'Enfant Jésus et commença à faire glisser une corde dans le puits, avec un crochet, pour tenter de prendre la clef.

Mais toutes ses tentatives furent vaines.

A la fin, sûr que Jésus l'aurait aidé, il prit une statuette de l'Enfant Jésus, l'attacha au bout de la corde et demanda à voix haute à la statuette, avec la profonde conviction qu'elle l'écouterait, de lui ramener la clef.

Sa foi était tellement grande et tellement pure qu'il n'avait aucun doute sur le fait que le Seigneur l'aiderait.

Il fit glisser la corde avec la statuette et, lorsqu'il la hissa, la clef tant désirée était aux côtés de l'Enfant Jésus!

Que cette histoire soit une anecdote ou la réalité, nul ne le sait; elle démontre toutefois que la foi peut accomplir des merveilles.

Job disait: «J'espérerai en toi, Seigneur, même quand je sentirai le désespoir.»

Le Père Terenzio, qui a été proche de nous durant la maladie de Matteo et pendant les deux années qui ont suivi sa guérison, nous guidant et nous aidant à comprendre le sens profond de la famille comme témoin de l'Evangile, me dit un jour où j'étais allée le trouver, le 8 janvier 2002, avec Consiglia de Martino:

«Souviens-toi que Matteo est vivant par la foi, par la prière; le soir du 21 janvier, quand tu es venue prier sur la tombe de Padre Pio, Consiglia et le directeur médical de l'hôpital étaient avec moi et, quand je leur ai demandé comment allait l'enfant, tous deux m'ont répondu qu'il était cliniquement mort et que seul un miracle pouvait le ramener à la vie.»

Le 21 janvier au matin, ils avaient également dit à mon frère Nicola que Matteo était mort et ils me l'avaient fait comprendre. Mon frère Giovanni, qui était en voiture et qui allait arriver à Caserte avec ma belle-mère, l'avait appris de mon père qui l'avait appelé sur son téléphone portable.

Tout le village savait que l'enfant était mort.

Mais aujourd'hui il est ici, à côté de moi, il écrit et, de temps à autre, il vient se serrer dans mes bras et me couvre de baisers sur le front, ces baisers qui m'ont manqué comme le pain durant ces si longs jours et qu'il m'offre maintenant, plus doux qu'avant, car ils sont enrichis de la conscience de son retour à la vie.

Ce qu'il advint en février 2002

La date de la canonisation
(26 février 2002)

Aujourd'hui, c'est un jour très spécial!

Un consistoire s'est tenu ce matin durant lequel, en présence des cardinaux, la date de la canonisation de Padre Pio a été annoncée: le 16 juin 2002.

Je suis à Caserte avec mes enfants, loin du bruit et des télévisions qui s'attroupent au couvent de Sainte-Marie-des-Grâces.

Padre Pio a voulu que je vive ainsi, dans le silence le plus total, l'annonce de sa canonisation.

Je suis à Caserte parce que mon frère Giovanni a passé aujourd'hui son doctorat en psychologie et, pour moi, le voir devenir docteur est un autre grand don de Padre Pio et de la divine Providence.

J'ai tellement prié et offert pour qu'il en soit ainsi: pour son avenir, mais aussi pour la pleine réalisation du projet de l'association «Le Cyrénéen» pour laquelle, en tant que psychologue, il pourra faire beaucoup plus que jusqu'à présent.

Ce n'est pas tout: la coïncidence la plus incroyable, c'est que Matteo, il y a exactement deux ans, le 26 février 2000, quittait l'hôpital.

Le 26 février de cette année-là s'achevait son incroyable histoire de souffrance.

Et en ce 26 février se conclut l'histoire de glorification terrestre de Padre Pio: certes, Padre Pio sait bien «combiner les combinaisons!»

Le 21 janvier 1990 s'achevait le procès de connaissance sur la vie de Padre Pio; le 21 janvier 2000, Matteo faisait son vol avec Padre Pio ou, pour le dire plus crûment, vivait son expérience de pré-mort avec arrêt cardiaque et tout le reste, qui fait désormais partie de l'histoire.

Le 12 février 1990 les sceaux des dossiers de documentation relative au procès de Padre Pio furent ôtés et le 12 février 2000 les médecins décidaient que Matteo pouvait passer dans le service de pédiatrie.

Pour le monde catholique, aujourd'hui est un jour merveilleux; pour ma famille, c'est un jour inoubliable: je regarde Matteo, je me souviens de sa joie quand il a quitté l'hôpital, la fête que ses maîtres et ses camarades de classe avaient organisée pour lui, venant en dessous de chez nous avec des banderoles, des confettis et des panneaux colorés où ils avaient écrit leurs vœux.

Matteo ne marchait pas. Nous l'avons porté à la maison, dans nos bras, très maigre, le visage marqué par les cernes, en pyjama, la cheville droite bandée, presque inexistant, dévoré par la nécrose, ces nécroses qui auraient dû détruire tous les tissus nobles et qui, en revanche, mystérieusement, étaient restées au niveau cutané et sous-cutané.

Ce jour fatidique, ce 26 février 2000, Matteo recommençait à sourire à la vie et aujourd'hui il me semble voir Padre Pio près de lui, qui lui tient la main et le conduit avec lui à Rome, comme dans le rêve: certes, il le tiendra toujours main dans la main, pendant le voyage de la vie, que j'espère long et serein.

Aujourd'hui Matteo court dans la grande salle de l'université avec ses cousines, il les rejoint, il les embrasse toutes les deux, Giordana et Consiglia, puis il recommence à courir.

Sa cheville est guérie, les tissus se sont reformés, les fonctions des jambes sont normales.

Sur la cheville et sur le reste du corps il ne reste plus que de nombreux signes, comme de petites cartes géographiques; ce sont les seuls témoignages tangibles de l'immense drame vécu par Matteo et ils servent, au monde et à moi, à ne pas oublier, à souligner que ce qui se raconte et qui se racontera

n'est pas une invention, fruit d'un fanatisme, d'une exagéra-
tion, mais que c'est la vérité absolue!

Matteo aurait dû avoir ces taches au-dedans de lui: dans le
cerveau, dans les reins, dans le foie, dans les poumons, mais
une main miséricordieuse est passée sur lui pour ôter son
mal et ne lui a laissé que des signes externes, comme pour
dire: «Voilà, moi je peux guérir, transformer la mort en vie,
moi j'ai créé, moi j'ai donné à l'homme l'intelligence pour
inventer la science, mais moi je peux dépasser la science,
moi je suis le maître de la vie, ne l'oubliez pas!»

Je me demande souvent pourquoi Padre Pio, lors de cette
rencontre extraordinaire, a demandé à Matteo de guérir l'enfant paralysé par «la force de la volonté» et une voix intérieure martelante me répète que les mots exprimés en pensée
par Padre Pio étaient non seulement adressés à Matteo mais
à quiconque le connaîtrait par la suite, pour le pousser à
croire, à espérer, à aimer, à demander, à ne pas baisser les
bras; croire en la guérison spirituelle ou corporelle comme
un effort de la volonté d'avoir la foi et de prier, qui conduit à
la sainteté.

Sainte Faustine écrivait, rapportant les paroles que Jésus
lui avait dites: «Comme il est facile de se sanctifier. Il faut
seulement un brin de bonne volonté! Si Jésus découvre dans
l'âme ce brin de bonne volonté, il s'empresse de se donner à
l'âme et rien ne peut l'en empêcher, ni les erreurs, ni les
chutes; absolument rien. Il tarde à Jésus d'aider cette âme et
si l'âme est fidèle à la grâce de Dieu, en peu de temps l'âme
peut atteindre une grande sainteté... Dieu est très généreux
et ne refuse pas la grâce; il donne plus que nous ne lui demandons.»

Ainsi se mêlent les routes de la volonté, de la sainteté et du
miracle.

Autant un miracle est extraordinaire, autant la responsa-
bilité est lourde et fatigante de le manifester aux autres, de le
vivre avec dignité, sans jamais oublier, «jamais», le don reçu.
Comme nous devons tous prier, tous, pour que les miracles
se multiplient comme les pains et les poissons avec Jésus!

Certains penseront: «Elle est folle! Elle ne peut pas alimenter la culture du miracle, parce que la vie est une croix, une souffrance!»

Je sais que la vie est un calvaire, c'est une chaussée glissante et une montée: j'en ai fait l'expérience et je l'expérimente chaque jour. Mais Padre Pio disait à Franco Mondino, comme le rapporte don Nello Castello dans son livre: «On peut tout obtenir de cette manière: si tu veux obtenir des grâces corporelles, prie, si tu veux obtenir des grâces spirituelles, prie, si tu veux l'aide et la protection de Dieu, prie.»

La prière aide aussi à surmonter l'aridité de l'esprit et les tentations. Ma famille et moi nous les avons vécues durant cette période avec une intensité incroyable, que le Seigneur avait probablement prévue pour éprouver notre fidélité.

Quand j'ai lu que Padre Pio parlait de «la nuit de l'âme», je n'y croyais; cela me semblait même un discours académique, loin de ma simple réalité spirituelle, bien que vécue intensément. Mais j'ai fait l'expérience, en ce moment important, de la lassitude, de l'intimité, de l'indifférence.

Certes, je continuais à prier et à m'en remettre au Seigneur, mais seulement par la force de la volonté, sans ressentir ni réconfort ni consolation. Padre Pio écrit à ce propos à Maria Gargani: «La sécheresse de l'esprit dans laquelle vous vous trouvez égarée est une épreuve très douloureuse, mais très aimable pour le fruit que l'esprit en tirera. Elle est ordonnée par Dieu pour éliminer en vous le caractère accidentel de la dévotion, qui ne sanctifie pas l'âme, mais qui pourrait même lui être nuisible. Elle est encore ordonnée par Dieu pour faire acquérir à l'âme la vraie dévotion, qui consiste en une prompte volonté de faire ce qui appartient au service de Dieu, sans aucune satisfaction personnelle... L'âme qui se trouve dans cet état ne doit absolument pas perdre courage... cela doit lui procurer de multiplier ses pratiques de dévotion et être toujours plus vigilante pour elle-même... Continuez à obéir, sans écouter les conflits internes et sans le réconfort qui se trouve dans l'obéissance et dans la vie spirituelle, car il est écrit que celui qui obéit ne doit pas rendre compte de ses actions; il doit seulement attendre la récompense de Dieu et non pas le châtiment. *Vir oboediens,* dit l'Esprit, *loquetur victoriam:* l'âme obéissante chantera victoire... Donc jamais votre âme n'a été plus agréable à Dieu qu'elle ne l'est maintenant que vous obéissez et servez Dieu dans l'aridité et en étant aveugle.»

Quelles paroles merveilleuses! Elles m'ont donné la force d'aller de l'avant dans le silence de l'âme, silence à travers lequel le Seigneur voulait éprouver «ma fidélité» après le grand don qu'il m'a fait.

De même qu'il a voulu l'éprouver dans ma famille et à l'extérieur par les tentations continuelles provenant du monde.

Il ne s'est pas passé un seul jour sans que quelqu'un vienne me raconter que dehors, même dans les supermarchés, on parlait de nous, des maîtresses inexistantes de mon mari, d'une je ne sais quelle dépression nerveuse que j'aurais faite, de notre séparation imminente, de notre enrichissement grâce à la maladie de mon fils.

Moi, bien que sachant tout cela, bien que connaissant les noms et les prénoms de ceux qui s'amusaient, sûrement inspirés par une force négative qui pousse à l'envie, au faux témoignage, aux calomnies, j'ai cherché à aller de l'avant.

Je me suis consolée, comme toujours, avec Padre Pio et son enseignement: «Vous ne devez même pas vous soucier des innombrables tentations qui vous assaillent, car l'Esprit Saint avertit l'âme dévote, qui se dispose à avancer sur les voies de Dieu,qu'elle doit se préparer à la tentation... Ne vous abandonnez jamais à vous-même... Le Seigneur veut vous éprouver sur ce point aussi et il a donc permis et il permettra encore à l'ennemi de vous tendre ce piège. Vigilance, prière et humilité sont les armes pour vaincre toutes les tentations, qui doivent toujours être accompagnées d'une confiance illimitée en Dieu, en ne s'arrêtant jamais à mi-chemin.»

Ce qu'il advint en mars 2002

La première communion
(16 mars 2002)

Aujourd'hui, c'est mon anniversaire.

Je n'ai pas envie de le fêter comme à l'accoutumée car, comme cadeau, j'ai tout ce que je peux désirer: ma famille, mes enfants, Padre Pio et, avec lui, la Vierge Marie et Jésus à mes côtés.

Et puis, après le salut de Matteo, j'ai reçu le plus beau cadeau que je pouvais imaginer: le 16 juin, durant la cérémonie de canonisation de Padre Pio, le pape Jean-Paul II, le représentant du Christ sur la terre, fera faire sa première communion à Matteo.

C'est merveilleux, c'est un don pour Matteo, mais surtout pour moi.

Matteo suit la catéchèse de l'école élémentaire, mais à cause de sa maladie il a perdu une année de rencontres: l'oratoire est plutôt froid, de sorte que nous avons estimé opportun, durant l'hiver, de ne pas lui faire attraper de courants d'air.

Le curé et la catéchiste avaient donc décidé de reporter sa rencontre avec Jésus à l'année prochaine.

J'ai respectueusement accepté cela, mais je regrettais de devoir différer cette grande émotion pour Matteo, surtout parce que je suis convaincue que Matteo, durant sa maladie et durant sa convalescence, a fait une catéchèse vivante liée à la croix et à la souffrance.

En outre, chez nous, malgré nos nombreux défauts, nous prions toujours, nous adoptons à l'égard des autres une attitude d'accueil: un choix qui précède de longue date l'histoire de sa maladie.

Et depuis qu'il a été malade, Matteo a souvent voulu que je lui raconte ce que je faisais quand il était dans le coma, mes prières individuelles et communautaires, ma demande d'aide au Christ dans l'Eucharistie.

Matteo connaît donc bien le sens de l'hostie consacrée, de la présence vivante de Jésus en elle.

Nous nous préparons donc avec joie et avec foi à ce merveilleux moment où Matteo rencontrera Jésus des mains du Saint-Père.

Mais, le plus incroyable, c'est que depuis des mois Matteo demande avec insistance de choisir un crucifix comme cadeau à faire aux invités pour sa première communion.

La première fois qu'il me l'a dit, je suis restée perplexe et je lui ai demandé pourquoi.

Mais il n'a pas su me donner de réponse, ajoutant seulement: «Comme cadeau pour les invités, je veux Jésus, Jésus en Croix, avec les clous!»

«Mais qu'est-ce tu racontes, Matteo, Jésus en Croix ne se prête pas à ce genre de cadeau de première communion, c'est trop triste!»

Puis, il y a quelque temps, Mgr Francesco Follo, de Rome, est venu nous trouver à la maison et nous a apporté en cadeau des chapelets bénits par le pape et de petits crucifix à l'image de la crosse du Saint-Père.

Dès qu'il a vu le crucifix, Matteo m'a dit avec enthousiasme que c'était cette croix-là qu'il cherchait.

Maintenant, nous avons eu la joie de savoir que le pape lui fera faire sa première communion et nous avons eu ainsi une illumination. J'ai pensé que ce ne devait pas être un hasard si Matteo désirait, à un moment où nous ne savions encore rien de tout cela, un crucifix et, en particulier, ce crucifix se rapportant au pape.

Tout cela s'est produit les jours où nous est parvenue la lettre du Père Giacinto, par laquelle ce frère me conseillait une thérapie spirituelle, un chemin de prière intense et vigoureux, pour affronter avec force et équilibre les difficultés que présente pour notre foyer le dernier acte de la sanctification de Padre Pio.

Je n'ai donc pas pu m'empêcher de penser que le désir de Matteo d'avoir la croix comme souvenir de sa première communion était la volonté supérieure du Seigneur d'arriver dans beaucoup de maisons, à travers le signe le plus important, le plus fort, de sa Passion.

Toujours ces jours-là Francesco, un ami d'Alessandro et de Matteo, a rêvé de Padre Pio et de Matteo et il est venu me le raconter, tout préoccupé.

Dans ce rêve, Matteo était avec Padre Pio et écrivait, sous dictée, sur un grand livre blanc, avec un stylo blanc, sur un bureau blanc et ils étaient tous deux vêtus de blanc.

L'enfant écrivait, mélancolique, mais Padre Pio l'encourageait avec beaucoup d'autorité à continuer: «Ecris, Matteo, écris», disait Padre Pio. «Mais je n'en ai pas envie car je sais déjà tout cela par cœur», répétait Matteo. Et Padre Pio: «Non, Matteo, tu dois écrire ce que je te dis, même si tu sais de quoi il s'agit, car ensemble nous devons chasser le démon.»

En réalité, je crois que Padre Pio et Matteo ont vaincu ensemble le démon, car un nouveau saint n'est autre qu'une défaite pour Satan, surtout un saint comme Padre Pio qui réussit quotidiennement à obtenir des miracles et à opérer des conversions.

A propos de miracles et du miracle de Matteo, je me rends compte chaque jour davantage de la grandeur de celui-ci.

Avant de tomber malade, il portait des lunettes et était astigmate. Je conserve le rapport médical d'une visite chez l'oculiste effectuée en 1997 à l'âge de cinq ans: il avait 10/10 à l'œil droit et 6/10 à l'œil gauche.

Tout de suite après sa guérison, en mai 2000, je lui fis passer un contrôle et son visu était passé à 4/10 pour l'œil droit et 9/10 pour le gauche. Malgré la perte de nombreux degrés à son œil sain, en raison d'une cicatrice provoquée par sa maladie au niveau de la *macula densa*, Matteo a recommencé à lire et à écrire sans lunettes.

De temps en temps je lui demandais de fermer un œil, puis l'autre, et de lire d'un seul œil, pour me dire avec lequel des deux il voyait le mieux. Mais, dernièrement, je me suis rendu compte qu'il parvenait à lire très bien des deux yeux.

De fait, il y a quelques jours je lui ai fait passer un contrôle chez le docteur De Simone et la situation s'est révélée nettement meilleure, sans aucune sorte de thérapie corrective avec lunettes ou d'un autre type.

Voici aussi, à mon avis, un autre signe important. J'ai trouvé une méditation du *Notre Père* vraiment très belle:

Ne dis pas Père
Si chaque jour tu ne te comportes pas comme un fils.
Ne dis pas Notre
Si tu vis chaque jour dans ton égoïsme.
Ne dis pas Qui es au cieux
Si tu ne penses qu'aux choses terrestres.
Ne dis pas Que ton Nom soit sanctifié
Si tu ne l'honores pas.
Ne dis pas Que ton Règne vienne
Si tu as peur de la mort.
Ne dis pas Que ta volonté soit faite
Si tu ne l'acceptes pas quand elle est douloureuse.
Ne dis pas Donne-nous aujourd'hui notre pain de ce jour
Si tu ne te soucies pas des gens qui ont faim.
Ne dis pas Pardonne-nous nos offenses
Si tu gardes de la rancœur contre ton frère.
Ne dis pas Ne nous soumets pas à la tentation
Si tu as l'intention de continuer à pécher.
Ne dis pas Délivre-nous du mal
Si tu ne prends pas de dispositions contre le mal.
Ne dis pas Amen
Si tu ne prends pas au sérieux les paroles du Père.

De temps en temps je la relis, pour ouvrir mon cœur à l'action de Dieu, pour être disponible au changement et à l'humiliation qui sont acceptation de croix, grandes et petites, en espérant qu'ainsi le Christ veuille plus fortement tourner son amour vers moi et vers ma famille, qu'il veuille nous faire le don de continuer à vivre une vie normale, malgré tout ce qui est arrivé, qu'il veuille nous accorder de faire grandir Alessandro et surtout Matteo dans la normalité la plus absolue.

La confession
(26 mars 2002)

Hier je suis allée me confesser à don Domenico Labellarte.

C'est un plaisir de parler avec lui et d'écouter les merveilleuses choses qu'il raconte sur Padre Pio. Aujourd'hui il m'a demandé, comme il l'avait déjà fait d'autres fois: «T'es-tu demandée pourquoi Padre Pio a choisi sa Maison pour ce dernier miracle? Souvent il me disait: "Un jour lointain arrivera où jaillira de cette Maison une eau si forte qu'elle surgira avec vigueur et, arrosant comme une bénédiction tout ce qui est ici, fera sentir sa présence régénératrice." Or tu sais bien que l'eau symbolise la grâce, les grâces du Seigneur, l'eau que Jésus demande à la Samaritaine parce qu'il a soif de son âme: il lui offre la foi et elle accepte de croire, comme aujourd'hui il nous demande de croire à travers le signe que Matteo a représenté.»

Puis, tout en avançant vers la statue de saint Joseph qui se trouve devant la maison de la Divine Miséricorde, il a ajouté: «Tu es une pionnière, tu as allumé la mèche de la prière alimentée par la foi, et elle ne peut plus s'éteindre.»

Je me fais toute petite! Tu parles d'une pionnière! Je suis une pauvre maman qui a prié, prié et qui continue à le faire humblement, consciente de sa nullité, une pauvre maman qui combat chaque instant contre ses propres limites terrestres, mais toujours en quête d'une foi plus profonde, ça oui!

Je m'efforce chaque matin de prononcer un «oui», même si certains jours cela me coûte terriblement, car cela entrave mes projets, mes revendications humaines, la difficulté de transformer en amour pour les autres l'amour envers Dieu.

Ainsi je me dis que le Seigneur me donne l'occasion chaque jour de me remettre en question et de recommencer, notamment à travers les écrits; il accueille ma misère, ma pauvreté d'esprit, comme un grand don et son rappel continuel et la conscience que j'en ai me donnent la paix pour regarder de l'avant, renouvelée.

A propos d'amour, ce soir j'ai reçu, à Apricena, de la part des membres de la FIDAPA, qui avaient organisé une table ronde pour discuter de l'engagement chrétien dans le domaine social, un petit opuscule que Padre Pio avait dicté en état de bilocation à l'un de ses fils spirituels à l'occasion de son quarante-deuxième anniversaire.

Je ne sais pas si ce texte est l'original, s'il est «vrai».

Mais par une étrange coïncidence, moi aussi, il y a quelques jours, j'ai fêté mes quarante-deux ans. Or, la coïncidence la plus incroyable, c'est que dans cet opuscule, c'est le Cœur de Jésus qui parle, ce Cœur dont je suis si profondément dévote depuis mon enfance.

Dans ce minuscule opuscule, de quelques pages, j'ai trouvé des mots d'une poésie splendide sur l'amour de Jésus pour nous: «Vous, faites en sorte de me donner tout l'amour que vous avez. Moi, je vous donnerai toute la Providence, avec tout mon Amour. En vous donnant mon Cœur, je vous donnerai tout. L'amour qui vit en vous peut tout, dans le Cœur qui était le mien et qui maintenant est le vôtre...

... L'amour est Providence. Il pourvoit à tout...

Souvent vous ne voulez pas reconnaître les dons que vous fait la Providence...

Je ne peux vous faire manquer de rien de ce que vous demandez afin de mieux vous le donner...

Il sera donc pourvu à tout ce que vous désirez si vous êtes davantage reconnaissants envers la divine Providence. Pour le peu que vous possédez déjà, remerciez-moi.

... Vous, faites en sorte de me donner tout l'amour que vous avez. Moi, je vous donnerai la Providence avec tout mon Amour... L'amour qui vit en vous peut tout, dans le Cœur qui était le mien et qui maintenant est le vôtre...

Des paroles et des écrits sur l'Amour de Jésus, sur la divine Providence, sur le pardon apparaissent chaque jour dans ma vie: ce sont des aimants puissants qui me ramènent à Dieu, toutes les fois qu'inconsciemment je m'en éloigne et, de cette façon, le miracle de Matteo continue, il se diffuse et s'accroît, pour rappeler au monde et à moi-même que l'Amour de Dieu est immense et qu'il accueille et transforme tout en lui.

Lettre finale à Padre Pio

Cher Padre Pio, tant et tant de gens ont écrit des choses sur toi.

J'ai voulu raconter, sans aucune prétention, l'histoire de Matteo et de notre famille, les événements qui ont permis à mon petit de naître une seconde fois, les fortes émotions que nous avons tous éprouvées face au miracle de son salut, pour témoigner de l'espérance, pour crier au monde la puissance de l'amour de Dieu dont tu as été l'incarnation.

Par ta vie, tu as véhiculé le Christ, par ta souffrance tu as racheté des pécheurs et obtenu des grâces.

Ensuite, pour parachever ta gloire, ton histoire terrestre de sainteté, tu as tourné les yeux vers notre indigne famille, tu es entré par ta force thaumaturge et évangélisatrice dans notre maison.

Mon mari, mes enfants et moi nous n'avons rien pu faire d'autre qu'incliner la tête et dire merci, sans savoir expliquer le pourquoi de ce don immérité!

Et traduire ensuite ce merci en un difficile et pénible engagement de vie, en un engagement qui devra durer le restant de nos jours; ce n'est pas et ce ne sera pas facile, à cause de nos limites, de notre nature humaine faillible et faible, à cause du monde extérieur qui s'érige en juge de notre vie intime, inventant toutes sortes d'histoires mauvaises qui expriment la force négative de la calomnie et de l'envie, mais qui, certes, font partie de la tentation comme épreuve pour tester l'équilibre, la résistance de la famille désignée sans aucun mérite pour témoigner d'un événement exceptionnel; et je veux faire passer aussi à travers le récit de ce qui s'est produit, selon les convictions de ma foi, malgré mes misères, et mon indignité.

Tout cela parce que je souhaite que mes simples mots de mère et de croyante puissent aider d'autres personnes à trouver l'espérance et la foi dont tu as été un messager et un apôtre. Je me sens comme Zachée, le publicain de Jéricho, auquel Jésus accorde une visite et la conversion.

Zachée sait qu'il n'est pas digne de l'attention du Christ; il est petit de taille, peut-être aussi de stature morale, comme moi, mais curieux de voir le Maître, de le connaître, il grimpe dans un sycomore. Jésus lève les yeux vers lui et lui dit: «Zachée, descends vite, car je dois demeurer chez toi aujourd'hui...» et, voyant cela, tous commencent à murmurer: «Il est allé loger chez un pécheur.»

C'est ce qui nous est arrivé, parce que Jésus a voulu tourner ses yeux bienveillants vers notre famille, si petite de stature morale, afin que nous nous efforcions de devenir meilleurs, afin que nous témoignions que le Christ, comme il le dit lui-même, n'est pas venu pour les justes, mais pour les pécheurs comme nous, pour la rédemption de ceux qui sont loin du paradis mais qu'il aime tout de même comme des fils.

D'ailleurs c'est le Christ qui dit dans l'Evangile: «Lequel d'entre vous donnera une pierre à un enfant qui lui demande du pain? Ou s'il lui demande un poisson, lui donnera un serpent? Donc si vous qui êtes mauvais savez donner de bonnes choses à vos enfants, combien plus votre Père céleste donnera-t-il de bonnes choses à ceux qui les lui demanderont!»

Ainsi, pour Matteo, le Seigneur, dans son immense bonté, a voulu être une fois encore le Père miséricordieux; il a écouté sa fille insistante et sans mérite, pécheresse, qui aujourd'hui encore, après ce don immense, peine à cheminer sur la route de la sainteté, trop enveloppée qu'elle est par les forces négatives de l'agitation, de la rancœur, de l'impatience et de la douleur pour savoir être ou devenir telle qu'il la veut.

Mais en dépit de nos misères, c'est Jésus lui-même qui nous invite à être comme l'ami importun qui va demander un bout de pain à minuit: «Je vous le dis, même s'il ne se lève pas par amitié, il se lèvera au moins à cause de son insistance pour lui donner tout ce qu'il lui faut.»

C'est Jésus lui-même qui, à l'étrangère grecque d'origine syro-phénicienne, qui le supplie par ces mots: «Les petits chiens ne mangent-ils pas les miettes qui tombent de la table des enfants?», répond: «Pour ces paroles, va.»

Je me sens comme l'ami importun, je me sens comme l'étrangère; je sais que Jésus a regardé ma foi et non pas mes fautes, mais je sais aussi que je dois donner une orientation différente à ma vie et que ce changement est le plus grand sacrifice qu'il me faille accomplir, la façon la plus belle et la plus compliquée pour chanter les louanges du Seigneur, l'unique remerciement qu'il exige après avoir donné avec tant d'abondance.

Notamment parce que, et désormais j'en suis certaine, le miracle, au moment où il intervient, ne s'adresse pas seulement à celui qui en est le destinataire, mais il devient «signe», signe de la participation du Christ à la vie de l'homme, signe de sa Vérité, qui est la seule vérité juste.

Saint Jean écrit encore dans son Evangile: «Ces signes ont été écrits pour que vous croyiez que Jésus est le Christ, le Fils de Dieu et que, en croyant, vous ayez la vie en son nom.»

Le miracle de Matteo est le signe de la puissance et de la miséricorde de Dieu, pour que l'on croie en lui, aujourd'hui, à l'ère de la technologie, quand tout semble scientifiquement explicable, au point de perdre de vue les limites de la nature et des découvertes de l'homme et de nier l'existence du transcendant de façon absolue.

Le docteur Agacio da Silva Ribeiro, guéri par Notre-Dame de Fatima, estimait dans un échange épistolaire avec Joaquim Duarte: «Il nous revient maintenant de nous montrer dignes de la guérison reçue, en confessant clairement notre foi et en cherchant à la raviver chez les autres.»

Je partage totalement cette conviction et j'espère que ma confession pourra raviver ou faire germer la foi chez d'autres personnes.

Le Seigneur a fourni à notre famille, à travers la souffrance et la guérison de Matteo, la preuve tangible de sa toute-puissance et de son infinie Miséricorde, dont nous devrons être des témoins jusqu'à la fin de nos jours.

Toi, cher Padre Pio, sois proche de nous, afin qu'avec l'aide de l'Esprit Saint nous nous souvenions toujours que la foi et la raison peuvent s'allier, car la première, avec la puissance de Dieu, élargit les frontières de la seconde; pour que nous nous souvenions qu'il existe une vision de la vie, comme don immense et complexe de la Grâce divine, dont le sommet et l'expression la plus sublime se trouvent dans l'Eucharistie.

C'est de l'Eucharistie que partent la force, l'espérance et la charité qui permettent de rendre vivant et actif le message de l'Evangile.

Aide-nous à porter à travers le monde, à travers notre vie, le sens de la Passion du Christ, la force rédemptrice de son sacrifice, la certitude que son offrande est une source intarissable de grâces matérielles et spirituelles.

Il ne sera pas facile de se conformer à la volonté de Dieu, car la matière, les vices, les faiblesses nous attirent vers le bas, mais avec ton aide et avec celle de Jésus et de la Vierge nous nous y essaierons.

Au lecteur,
de la part de l'auteur

«Ne vous refusez jamais en aucune façon et pour aucun motif à faire la charité à qui que ce soit... autant le Seigneur veut, autant vous devez vous efforcer de faire» (Padre Pio, *Epistolario*, I, p. 1213).

La souffrance pour la maladie de Matteo et le don immense de sa guérison m'ont poussés à dire merci à Dieu et à Padre Pio, me faisant le porte-parole d'une réalité de soutien et de service chrétiens aux familles contraintes à traverser l'épreuve de la croix.

Padre Pio, «le Cyrénéen de tous», est la clef de voûte de cet engagement de l'Association ONLUS «Il Cireneo» et du Centro Integrato «Francesco Pio Forgione» car ce n'est qu'à travers la prière active que l'on peut donner un sens à la douleur.

Si vous désirez nous aider, voici notre adresse:
Associazione «Il Cireneo» ONLUS
c/c n° 35618 Credito Cooperativa Cassa Rurale e Artigiana San Giovanni Rotondo.

Table des matières

Autres livres sur Padre Pio
aux Editions du Parvis

Padre Pio, transparent de Dieu

On a déjà beaucoup écrit sur Padre Pio et les anecdotes merveilleuses qui jalonnent sa vie sont connues de tous. Mais bien peu connaissent à fond qui était Padre Pio. Les nombreuses lettres à ses directeurs de conscience, décrivant les merveilles que la Grâce opérait dans son âme, ne sont pas connues du grand public. De plus, cet exposé de vie mystique est très difficile à comprendre. L'Auteur a bien connu Padre Pio. Il était l'un de ceux que le Père avait choisis comme fils spirituels. Il s'est nourri de cette spiritualité forte grâce à toutes les lettres et colloques du Père et aux entretiens qu'il eut avec lui. C'est donc un ouvrage de première importance que nous vous proposons. Au fil des pages, lisant les textes mêmes de Padre Pio, les commentaires et les explications de l'auteur, vous pourrez voir se dessiner le merveilleux portrait de cette âme privilégiée. Il deviendra votre ami et guide. Un livre que chacun se doit de connaître.

Le plus merveilleux livre sur Padre Pio. Un cadeau toujours très apprécié.

par le Père Derobert, 794 pages, photos n/b et couleurs

Relié: € 40.– CHF 64.–   Broché: € 35.50 CHF 56.–

Padre Pio de Pietrelcina
Recueil de lettres

Toute la correspondance de Padre Pio avec ses directeurs spirituels de 1910 à 1922. Une occasion unique de comprendre l'expérience ascétique et mystique de Padre Pio.   1600 pages, 11x16 cm € 37.– CHF 59.–

L'évangile de Padre Pio

Padre Pio fut un mystique au discours fort, miséricordieux et réconfortant. Cet ouvrage, tiré de l'abondante correspondance du Padre Pio, nous livre ce que fut «l'Evangile du Padre».

Un livre de chevet à lire en particulier aux moments de découragement.

par Renzo Allegri, 288 pages, 13x21 cm € 22.– CHF 35.–

Padre Pio
Voici l'heure des Anges

Cet ouvrage est le fruit d'une amitié profonde et quotidienne entre Padre Pio et l'auteur. C'est précisément au cours de l'un de ces entretiens amicaux que le Père Pio eut l'occasion de dire à ce dernier, en parlant de notre époque: «Voici l'heure des Anges» et l'encouragea à écrire ce livre.

Il y a peu de livre d'approfondissement sur le rôle et la présence quotidienne des anges dans nos vies. L'auteur de cet ouvrage aborde ce sujet avec une ferveur spirituelle et une compétence théologique qui rendent la lecture de ces pages captivante.   par Giovanni Siena, 272 pages, 13x21 cm, photos n/b € 14.50 CHF 23.20

Padre Pio, image vivante de Jésus

Qui est Padre Pio? Est-il un personnage séduisant surgissant d'un autre monde, ou un «symbole» chargé de rappeler à un monde sans Dieu que Lui, Dieu, est toujours là? Le Seigneur se sert de cet homme pour le bien des âmes. Que de conversions n'a-t-il pas opérées! Athés, francs-maçons retrouvent la Foi. Aussi ne faut-il pas s'étonner des tracasseries qu'il doit subir de la part du démon!

Voici un livre qui fait découvrir la riche personnalité, les états d'âme et les dons multiples de Padre Pio, image vivante de Jésus dans un monde qui oublie Dieu.

par Jean Barbier, 128 pages, 13x20 cm   € 10.– CHF 15.–

Padre Pio, témoin de Dieu
Maître spirituel, Homme de la messe

L'auteur, fils spirituel de Padre Pio, veut nous faire profiter des conseils que ce grand maître de spiritualité lui a prodigués.

Avec de nombreuses anecdotes émouvantes ou hilarantes. Vient ensuite une évocation de «la Messe, Passion du Seigneur»: comment Padre Pio célébrait et vivait sa Messe et comment nous aussi devons la vivre.

Une plaquette très utile.

par le Père Derobert, 40 pages, 15x22 cm   € 5.– CHF 8.–

La Spiritualité de Saint Padre Pio

Le Père Derobert présente dans ce petit livre la doctrine spirituelle du Père Pio, émanant des nombreuses lettres qu'il a écrites à ses dirigées. Une spiritualité exigeante, mais ô combien nourrissante, une vraie «manne spirituelle»: les trois vertus théologales, la vie de prière, comment prier (prière de supplication, de louange et d'adoration, d'action de grâces, de réparation), les autres pratiques de piété, la lecture spirituelle.

Avec de nombreuses illustrations couleurs et noir/blanc.

par le Père Derobert, 80 pages, 15x22 cm   € 14.– CHF 22.40

Saint Padre Pio
Sous le signe de la Croix

«Tous ceux qui ont eu le privilège, même la grâce pourrait-on dire, d'approcher du Stigmatisé du Gargano, savent bien qu'il était un saint... un saint à la mesure de ce temps... un être exceptionnel qui était comme l'incarnation mystique de Jésus.» Dans ce petit livre, le Père Derobert présente la vie et la spiritualité de Padre Pio.

Avec de nombreuses illustrations couleurs et noir/blanc.

par le Père Derobert, 64 pages, 15x22 cm   € 10.– CHF 16.–

La Rose de Padre Pio

Une lumière projetée sur l'âme mariale de Padre Pio. Sa confiance aveugle en la Vierge du Rosaire de Pompéi lui obtenait tout ce qu'il demandait. Il recommandait pour cela les célèbres Trois Neuvaines. Cette Neuvaine est donnée in extenso dans ce livre. En plus, vous y ferez connaissance de Corina, âme privilégiée de Padre Pio; vous saurez comment elle devint propagandiste du Rosaire et quel éclatant miracle elle obtint de Padre Pio.

par le Père Derobert, 40 pages, 15x22 cm   € 5.- CHF 8.-

Père Pio de Pietrelcina

Ecrit par un témoin privilégié du Père Pio, ce livre nous apprendra à connaître la personnalité de ce digne fils de François d'Assise.

par le Frère Arni Decorte, 290 pages   € 10.67 CHF 18.-